「若者／支援」を読み解くブックガイド

阿比留久美
岡部 茜
御旅屋 達 ◎編
原 未来
南出吉祥

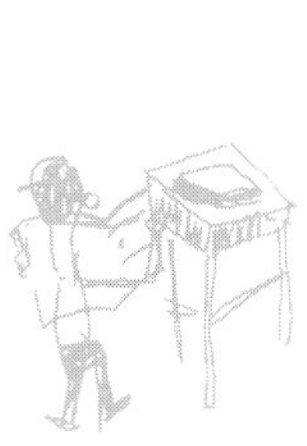

かもがわ出版

はじめに

この本を手に取られたあなたは、おそらく、若者や、若者たちへの支援に何らかの関心をもっておられることでしょう。本書は、いま若者とかかわっている人たちや、これからそうした現場に参画していこうという人たちが、「知りたい・考えたい・深めたい」と思ったときに最初に手に取る一冊になれたらと、企画したものです。

日本では、2000年代以降、〈若者支援〉と呼ばれる領域が形成されてきました。その背景には、「フリーター」「ひきこもり」「ニート」などの言説の隆盛や、貧困の可視化など、若者たちの「生きづらさ」への社会的関心の高まりがあります。国も若者政策に乗り出し、多くの民間団体・行政が〈若者支援〉領域にかかわるようになりました。とりわけ、青少年育成、障害者支援、不登校支援、地域づくりなど、これまでさまざまな領域で活動をおこなってきた民間団体の実践が、この領域の発展を支えてきたといってよいでしょう。

それは、〈若者支援〉という領域が、多様なバックグラウンドをもつ豊かな実践の蓄積を備えているという事実の一方で、多岐にわたる分野が共存することで、共通認識・共通言語の持ちにくさ、ひいては〈若者支援〉の固有性とは何なのかということをわかりにくくもさせてきました。また、安定的な予算確保のための制度が不十分であり、大学等での養成課程が整備されているわけでもない状況などが、こうした事態に拍車をかけ、実践の深化やそれにかかわる人々の見通しをもちづらくさせています。

対象となる若者とは誰なのか、自分たちのやっていることは何なのか、何を目的に／なぜかかわるのか、自分たちの仕事の核はどこにあるのか。こうした事柄を、立ち止まり、考え、言語化し、ときに周囲と共有しながら実践を深めていくことが、今後〈若者支援〉領域において不可欠なのではないかと私たちは考えています。

では、何がそのきっかけや手がかりになるでしょうか。その一つとして、これまでに蓄積されてきた実践者・研究者による記録や支援論、分析などから考えることができるようなブックガイドを作成しました。

実践現場では、目の前の若者にどうかかわるかということについ目を向けがちですが、若者たち、そして私たちが生きる社会をどのように理解し、また、そこに問題があるならばどのように新しい社会をつくっていくのかを考えることも実践には不可欠でしょう。

そこで、若者の生活現実を全般的に／あるいは詳細にとらえられる著作を取り上げ（1、2章）、続いて、わたしたちの生きている社会や制度に目を向けられる著作（3、4、5章）を取り上げました。その後に、日々の実践やそれにかかわる自分自身を振り返り、ときに支えることに資すると思われる本も多く紹介しました（6、7章）。

ただし、こうした分類はあくまでも編者たちによる便宜的なものです。お読みいただくときには、気の向くまま、どこから読んでいただいてもかまいません。そして、ちょっと気になる紹介本に出会えたら、ぜひその本を手に取ってみてください。「どんな本を読んでいいのかわからない」「ゆっくりといろんな本を読むゆとりなどない」という方々にとって、本書がその導き手となれば幸いです。

そして、願わくは、それらを通じて考えたことや、もっとこんなことを知りたいといった事柄を、周囲の人びとと語りあい、交流しあってもらえたらと思います。というのも、本の紹介文は、書き手それぞれの現場感覚や関心にもとづいて書かれています。当然、違う読み方や感じ方があることでしょう。紹介文を絶対視せず、「自分はこう思う／こう読んだ」「ほんとかな?」という思いを大事にしながら、読んだり、議論したりしていただければと思います。

このブックガイドや、本書を通じて出会った本をきっかけに、日々の実践のなかで少し立ち止まって考えたり、ことばにして交流したりする場が、全国あちこちに生まれていくことを、ワクワクしながら期待しています。こうした取り組みが、これからの〈若者支援〉領域をより豊かなものにしていくことでしょうから。

編者一同

もくじ

第4章 もう一つの社会はどこにある？ 85

第7章　実践現場の挑戦　153

第1章

若者たちはどんな世界を生きているのか

2000年代に入って以降、若者を、あるいは若者を通して社会のあり方を論じるような書籍が相次いで発刊されました。不就労の問題として語られ始めた「若者」は、徐々に社会の歪みの影響を真っ先に受ける被害者として、あるいはそれへの抵抗運動の主体へと語られ方がシフトし、現在でもさまざまな立場から、さまざまな視角によって語られ続けています。

では、私たちが考えたり語ったりしてきた「若者」とは、いったいどこにいて、何をしている人なのでしょうか。私たちはしばしば目の前にいたりメディアで紹介されたりする限られた個人を見て、それを「若者」という大きな主語に置き換えてしまいがちです。まぎれもなく「今」を生きている若者の生活のリアルを、年長者が歪みなく捉えることは果たして可能なのでしょうか。本章では「若者」という存在と彼ら／彼女らが生きる世界の全体像を捉えるためのヒントとなる6冊を紹介します。

『「若者」とは誰か―アイデンティティの30年』

浅野智彦 著

［河出書房新社・2013年／2015年に増補新版］

「若者」は、年長者から見ると新しい時代を体現する存在であり、期待や不安などの感情とともに強い関心が差し向けられる存在です。これまでにも、例えば「新人類」「ロスジェネ」「ゆとり世代」などその時々の若者全体を説明しようとする言葉や、「ニート」「ひきこもり」などの若者が置かれた社会的な状態を指す言葉、「オタク」「ギャル」などの特定のサブカルチャーを表す言葉などのように、さまざまな言葉が用いられることによって「若者」は観察され、時代を映し出す鏡としての理解と説明が試みられてきました。

日常的に若者に接している人たちならば、こうした言葉によって表象される若者たちが一様ではないことは経験的に知っています。であるとするならば、これらの「イマドキの若者」を語る言葉たちは誰を指し示しているのでしょうか。本書の冒頭においても指摘されている通り、価値やライフコースが多様化する現代において、「若者」という大きな括りで何かを論じることはますます困難なこととなってきています。

こうした若者をめぐる語りについての理解を下敷きとして本書が取り組むのは、これまで繰り返されてきた「若者論」を総ざらいし、若者のアイデンティティのあり方と同時に、大人の側によって語られるそれについての変容を描き出そうという試みです。つまり、本書で問われる「『若者』とは誰か」という問いは「若者が自身をどのように理解してきたか」という問いと「若者はどのように理解されてきたか」という二つの問いに分解され、そして両者は相互に切り離されたものではなく、大人の眼差しによって若者自身のアイデンティティが作られ、その逆もありうる、という関係にあると理解できます。

筆者の浅野さんは、若者の自己の規定のされ方は、消費からコミュニケーションへと移り変わってきたと指摘します。具体的には消費社会論や学校教育と労働、オタ

クなどを題材に若者の自己とコミュニケーションとその語られ方についての議論がなされ、最終的に若者のコミュニケーションのあり方が多元化していること、その主体である若者のアイデンティティそのものもまた多元化していることが示されます。

若者支援の現場においても「コミュニケーション」という言葉の存在感はますます大きくなってきているように思われます。たしかに私たちは常に他者との関係性の中で社会生活を営んでいますし、その場の状況に応じた振る舞いをおこなうことに長けている（あるいはそれを好む）人と、必ずしもそうではない人がいることを知っています。そしてそのことが社会生活を円滑に営む上で重要な意味を持っていることも知っています。

結論部においては、多元的な自己を柔軟に使い分けていくことが現代社会に生きる若者に向けた処方箋として提示されます。しかし、状況や他者に配慮しながらその場や関係に応じた適切な対応を取ることはそう簡単なことではなく、行き場を失い、対人関係から撤退せざるを得ないケースも十分に考えられます。そして多元的な「コミュニケーション」への対応に生きづらさを感じてきたであろう若者自身から、多元的であれという要求に違和感を主張しつつも、それを引き受けようとする声を耳にすることもしばしばです。自己の多元化というトレンドは若者自身による社会への適応行動であると同時に――であるがゆえに――若者の困難の源泉としても理解できるかもしれません。

また、「若者政策」は、2000年前後の就職氷河期世代を対象に整備されてきたといってよく、当時の「若者」たちは現在40代になり，同時に若者支援の対象も拡張を続けてきました。この意味においてももはや「若者」支援という言葉は実態を失いつつあります。本書はこれまで問題とされてきた「若者」とは、いったい誰のことであったのかを考え直すきっかけとなる本としても読むことができるでしょう。

さらに、より広く「若者」という存在について考えたい方には、本書と関心を共有し、よりデータ分析に力点を置く『〈若者〉の溶解』（川崎賢一・浅野智彦編著、勁草書房、2016年）、より「若者論」に焦点を絞った『二十一世紀の若者論』（小谷敏編、世界思想社、2017年）の2冊をおすすめします。

（御旅屋達）

「若者支援」の死角に光をあてる

小谷敏・土井隆義・芳賀学・浅野智彦 編
『〈若者の現在〉文化』
［日本図書センター、2012年］

2010年代に入り、子ども・若者育成支援推進法が成立したことで、各地で「若者支援」の制度化が進んでいます。制度化には、その支援対象となるカテゴリーの抽出が不可欠で、これまで「不登校」(教育行政)や「ひきこもり」(福祉行政)、「ニート」(労働行政)など、縦割りで把握され対処されてきた若者たちの困難が「困難を有する若者」というカテゴリーに統合され、そうした人びとを総合的に支援していくものとして「若者支援」が本格化しているのです。

若者たちの困難が制度的に手当てされるようになったというのは、福祉国家の構築という点で大きな前進でしょう。しかし、福祉の制度化にはある難点が伴います。それはスティグマの問題です。スティグマとは、福祉を受ける者が被りがちな不名誉や恥辱の感覚のことで、それを受けることが差別や排除につながってしまうかもしれないという予期ゆえに、支援それ自体を忌避する結果が生じがちです。いったいどうすれば、困難を抱えている若者たちに、スティグマを感じさせることなく支援を届けることができるでしょうか。

ここでの問題は、支援のまなざしが対象となる若者たちが抱える「困難」や「問題」にばかり注がれてしまうという点にあります。しかし、「困難を抱える若者」はいつ、いかなる場面においても「困難のみを抱える若者」なわけではありません。中間集団の社会的基盤が不安定化し、それらに支えられていた人びとのアイデンティティが流動化するようになった現在、「困難を抱えた若者」たちもまた複数のアイデンティティを選択的に生きるようになっています。となると、彼／彼女らにアプローチするのに、その「困難」「問題」ばかりが入り口となるわけではないということになり、別の回路から彼／彼女たちにつながっていくこともできるわけです。

では、その「別の回路」とはどのようなものでしょう

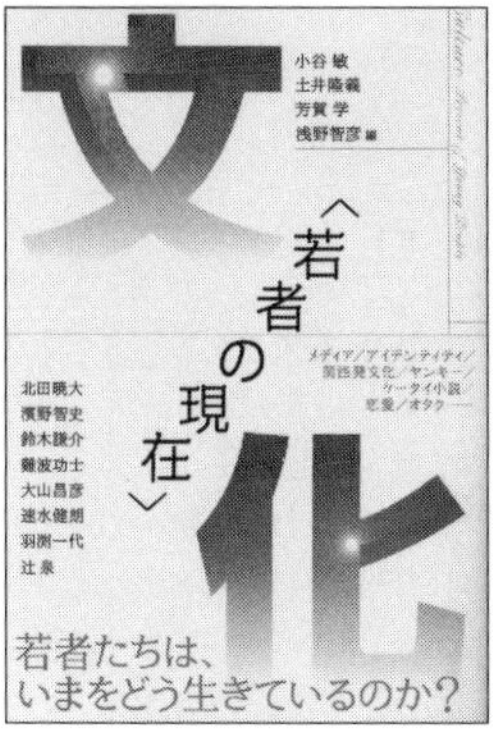

か。それを知るには、彼／彼女らの生態のありのままをまずは見ていく必要があります。そもそも若者たちは、その「問題」「困難」と並行して、いったいどのような社会空間を生きているのか。支援者がこれまでスルーしがちであった彼／彼女らのもうひとつの顔、それを「文化」という切り口から明らかにしているのがこの本です。「若者のアイデンティティ」「デジタルネイティブ」「ギャル」「ヤンキー」「オタク」「若者の恋愛」「よさこい」「関西の若者文化」など、さまざまなテーマが、若者文化やメディア論、余暇研究などを専門とする若手の社会学者・評論家10人により論じられています。

「困難」を抱えている若者もそうでない若者も、共通してゆるく帰属あるいは接触しているのがこれらの「若者文化」です。この本からは、支援者がこれまで見落としがちであった若者たちの半身の存在に改めて気づかされます。刊行は2012年で、当時はまだ存在していた〈三・一一〉後の「社会を変えていかなければ」という切迫感めいた雰囲気が論者それぞれの文章に刻印されていて、読んでいると「あのころ」の感覚にふいに呼び戻される、そんな本でもあります。

冒頭で述べたように、制度化が進んでいけば、「若者支援」の領域からは遊びや冗長性が失われていくでしょう。しかし、若者の生それ自体や、彼／彼女らが生きざるをえない「困難」のありようは多様化していく一方です。このズレをどうやって埋めていくか。ますます無味乾燥になっていく制度のなかに、どうやって若者たちの多様性をゆるやかに、そしてやわらかく包摂していくしくみをもちこみ続けていけばよいか。

その際、鍵となるのが「文化」というカテゴリーです。「文化」は人びとに対しやわらかく、あいまいに居場所をつくりだすことができます。実をいうと、既存の「若者支援」においても、具体的なニーズを抱える当事者と固い制度とのあいだをゆるやかに媒介・接合する緩衝装置として「文化」が機能しているケースは何ら珍しいものではありません（相談窓口でラポール構築のために趣味の話題から入るなど）。しかし、それを十分に意識化・方法化しているとは言いがたいのが現状でしょう。こうした「文化」を、ひとつの〈方法〉として「若者支援」の世界に新たに導入していくこと。そのための基礎として、まず読んでおくべき一冊です。

（滝口克典）

豊泉周治 著『若者のための社会学──希望の足場をかける』

［はるか書房・2010年］

若者にとっての「生きづらさ」とは、若者自身の「心の問題」なのでしょうか？　社会に適応できるかできないかという能力の大小の問題なのでしょうか？　2007年に雑誌『論座』に掲載された赤木智弘の論文「『丸山眞男』をひっぱたきたい」は、「31歳フリーター　希望は戦争」という挑発的なサブタイトルでその当時大きな反響を呼びました。30代で「フリーター」という非正規雇用以外の選択肢がないという絶望感を社会に突きつけ、その責任を若者自身に問うことの不条理を訴えたのです（『若者を見殺しにする国』朝日文庫、2011年に再録）。

本書は、この〝現代社会への果し状〟とも言える赤木論文を足がかりとして、さまざまな矛盾に満ちた現代社会を生きる若者が抱える「生きづらさ」を、理論社会学の視点から描きなおします。そして、北欧の青年期教育研究やナラティブ・プラクティス（語り直し）の実践を通して、社会的排除に向かう現代社会で、若者のための「希望の足場」を提示しようと試みています。

豊泉さんはまず、現代の日本社会を覆う「自己責任論」が、どのように若者の社会的排除を社会の内側から正当化し、また若者自身によって内面化されてしまうのかを丁寧に読み解いていきます。「希望は、戦争」とつぶやく赤木論文は、「大人」社会からは「道徳観念が崩壊した若者世代」という批判にさらされます。しかし、豊泉さんが明らかにしているのは、このような非倫理的な物言いで「自分には責任がない」と言い切ることによってしか、社会を覆っている自己責任論への対抗する手段がないという若者の現実であり、「引きこもる」ことで「大人」社会から撤退する若者のあり方を、自分が無力な存在であると「開き直る」ことによって社会に立ち向かおうとする若者の生存戦略として捉え直します。そこには、家族・学校・社会から自己責任論をつきつけられ、「将来のため」に「いまを生きる」ことを奪われた若者が、無力さのうちに自分自身を「いま・ここ」に閉じ込めることで生き延びようとする姿を見ることができます。

さらに、若者の「生きづらさ」の背景には、「居場所」の喪失と日本の若者雇用施策の失敗があると指摘します。インターネットや携帯電話が新たなコミュニケーションのインフラへ変化していったことで、かつて青年期の標準的な「親密さの領域」（親密圏）とされてきた「家族」や「学校」が、若者にとって自己承認や親密さの欲求を充足させる「居場所」ではなくなり、身近な「居場所」を喪失した若者は、あるものは引きこもり、あるものはＳＮＳやネットを通して他者から承認を得ることに駆り立てられるようになりました。そして、その姿は「病んだ若者」という社会病理、あるいは「不真面目さ」や「未熟さ」の表れとして批判され、自己責任論がより強固になっていったことで、若者の「生きづらさ」もまた深刻さを増していきました。

また、玄田有史・曲沼美恵『ニート』（幻冬舎文庫、２００６年）で挙げられた「ニート」という概念もそのひとつです。「ニート」＝「働く意欲のない若者」というイメージは、若者の雇用問題の核心を若者の「働く意欲」であるかのように錯覚させ、日本の若者雇用施策を「失業対策」から「若者の人間力強化」へと大きく変化させました。「ニート」の元になったイギリスのＮＥＥＴ概念が若者のトランジッション（学校から仕事への移行）の危機を発見したのに比べて、日本で流布した「ニート」言説はこの危機に蓋をし、社会的排除と格差を押し広げていったのです。

本書は、２００７年に社会の不条理を「希望は、戦争」という鋭い言葉で突きつけた赤木智弘と、２０１１年に当時26歳の社会学者・古市憲寿が格差社会にあって「幸福」な若者の姿を描いて大人たちに衝撃を与えた『絶望の国の幸福な若者たち』（その後２０１５年、講談社＋α文庫）という二つの問題提起に、大人を代表して豊泉さんが真摯に応答した世代間の対話としても読めます。

そして、「いま・ここ」を生きる若者のあり方を見つめ直し、若者自身にとっての「希望」とは何かを考えるための足場を本書は提示してくれているように思います。一読しただけでは難解な部分もありますが、『若者のための社会学』というタイトルの通り、若者にこそ読んでもらいたい一冊です。

（尾崎万里奈）

湯浅誠・冨樫匡孝・上間陽子・仁平典宏 編著

『若者と貧困―いま、ここからの希望を』

〔明石書店〈若者の希望と社会・3〉2009年〕

「〝若者の貧困〟とは何か?」と聞かれたら、答えとして何をイメージすることができるでしょうか。

OECDの算出方法に則って日本の「子どもの相対的貧困率」が公表されるようになり、2009年の15・7%、2012年の16・3%（いずれも国民生活基礎調査より）という数値は、社会に大きなインパクトを与えました。以降「子どもの貧困」はメディアで頻繁に取り上げられるようになり、2013年には「子どもの貧困対策の推進に関する法律（平成25年法律第64号）」が成立しました。

同時期から、全国では「子ども食堂」など、子どもたちのためのまちの居場所づくりが爆発的な広がりを見せ、子どもの貧困は、解決すべき社会の問題として位置づけられたと言えるでしょう。〝子ども〟の貧困対策が子どもの将来を見据えて掲げられたものであるなら、その延長線上にある〝若者〟の貧困対策も併せて語られるべきですが、これまで「若者の貧困」が「子どもの貧困」とセットで語られてきた印象はありません。

その理由のひとつを、本書の序章から垣間見ることができます。湯浅誠さんの「雑多な本である」という一文から始まるとおり、本書では多様なテーマ、論点から若者を取り巻く貧困の課題がそれぞれコンパクトにまとめられています。「住居」や「奨学金」などの課題ごとに若者の困難さやそれに対する支援について取り上げたり、若者を取り巻く貧困問題を社会構造の問題として捉えなおしたりもしています。後半では社会学理論が扱われているので、社会学を学んだことのない方にとって難しい内容が含まれるかもしれません。関心のある部分から読んでみてください。私はライフストーリーの章で、当事者が抱えた苦しみについて当事者の言葉やそこから感じ取れるものに触れてほしいと思います。本書で語られているライフヒストリーは、自身の経験則だけではイ

メージしづらい場面もあるかもしれませんが、この「イメージしづらい」という自覚をもつことは大切です。困難を抱える若者に出会ったとき、目の前の若者の思考や状況がたとえ自分や過去の対象者に似ていたとしても、個々人が背負っているそれまでの人生は、その人固有の経験であり、安易にわかった気になってはならないことを、胸に留めておく必要があります。

同時期に出版された青砥恭『ドキュメント高校中退』（ちくま新書、2009年）でも、高校生が幼少期から抱えていた課題を解消できないまま、若者としてまた新たな課題を背負い、高校をドロップアウトして、さらに困難な状態で大人へと進んでいく深刻な状況が丁寧に記されています。

これらを通してさまざまな若者の困難な状況を知ることができますが、彼らの困難さの要因が、単なる経済的困窮のみではなく、幼少期の家庭環境、あるいは本人含む家族の疾病や障害、労働環境など多岐に渡り、人によって要因も結果も異なるため、「若者の貧困の本質が何なのか分かりにくい」ということに直面するでしょう。

若者の貧困は、子どもの貧困と地続きにある困難であり、また、労働という社会への合流や自立といった、年齢を重ね、社会との接点が増えるなかで生じる新たな困難でもあります。全貌が分かりにくい・捉えにくいからといって、知ることを放棄したり、課題ごとに独立した状態で認識するだけでは、目の前のひとりの若者を巡る本当の困難さを理解することはできません。若者をとりまく貧困の諸問題をどのように見つめていくかが、若者に関わる人に問われていることを、この「雑多な本」から感じ取ることができるでしょう。

出版から10年経った現在、本書が取り上げていた課題は、いまだ解消されておらず、非正規雇用労働者の割合の増加や、「ブラックバイト」など、労働をめぐる過酷な環境がより低年齢の若者にも広まるなど、悪化を見せる一面もあります。

なお、取り扱われる若者の困難やそれに対する支援の現場は少し変わりますが、青砥恭・さいたまユースサポートネット編『若者の貧困・居場所・セカンドチャンス』（太郎次郎社エディタス、2015年）からは、より現在に近い状況を知ることができます。

（横関つかさ）

〝優しい関係〟から読み解く現代の若者

若者たちはどんな世界を生きているのか5

土井隆義 著
『友だち地獄――「空気を読む」世代のサバイバル』

［ちくま新書・2008年］

若者とかかわっていて、「どうしてそのような行動をしたのだろう？」と、理解できなかったことはないでしょうか？　この本は『友だち地獄』という、少したじろぐようなタイトルではありますが、読み進めるうちにそうした若者についての理解が深まってくる本です。

本書は実在した人物やニュース、流行したものからひも解くように書かれており、読者は具体的なイメージをもって読むことができます。また、前の年代と比較しながら書かれているため、若者の精神性や他者との関係性の変容を理解することができます。2008年の本なので、ひと昔前に感じる事例もあるかもしれませんが、若者がどう変化してきたのか、その流れがわかりやすく、現代に共通することを感じられると思います。

例えば、本書のキーワードである「優しい関係」という言葉は興味深いものです。これは、他者と積極的にかかわることで相手を傷つけるのではないか、また自分も傷つけられるのではないかとの危惧を持ち、他者との対立の回避を最優先する関係性とされています。とても繊細に気配りをし、空気を読みながらでないと生きられないという緊張感が伝わってきます。

ここで、私がなるほどと思ったのは、目的・目標に向かって、時には衝突しながらもみんなで答えを探していくようなグループ活動でも、「衝突しない」ということを見聞きするからです。若者自身がそれを「優しい」と感じているかどうかはわかりませんが、〝空気を読んで本当に思っていることを言わない〟という現象が起きていることは確かです。

もちろん、〝空気を読む〟ということは若者だけでなく、日本人の特徴と言われていますし〝自分も相手も傷つきたくない〟とは誰もが思うことだと思います。しかし、相手のため、グループのため、一緒にしている活動をよりよくするために発言するほうがよいときはあるでしょ

う。それでも、その場では言わない。でも本当は言いたいこと、思っていることはある。そして、終了後、個別に言いに来る、こちらから聞いたら「実は……」と話し出す。そんなことがあります。また、仲の良い人だけに内緒で話す、ネットでつぶやく傾向も見られることがあります。

私がかかわる現場で実践されているユースワーク（若者の本来ある力を伸ばす、若者の成長を支援するための非形式な手法）で大事にしているグループワークは人間形成を助けるといわれています。その効果は「深い相互関係の可能性を持つ場」によって作用するといわれています（R・W・キーブル『ユースワーカー』、日本YMCA同盟出版部、1969年）。つまり、他者との関係性を築くような相互のやりとりがあるところに人間的成長があるということです。

そこから考えると、意見の対立も避ける「優しい関係」では相互の作用が少ないと考えられ、その分成長しにくいともいえるかもしれません。世代の違う人からすれば「言えるタイミングあったよね!」「そんな難しいことかな?」と思われるかもしれませんが、対立をひたすら避け、空気を読んできた人にとっては、空気を壊すかもしれないリスクを背負い発言をするという行為は、とてもハードルが高いということを、本書を通して再確認しました。

イベント前のミーティングで話がまとまった後、ある若者が個別に話に来たことがありました。そのときは、グループの関係性や状況を考えて、その若者が話しやすいように他のメンバーにつないだ上で本人から思っていることを話してもらいました。そういったことはグループや個々の状況を見ながらおこない、ときにはあえて介入しないこともあります。ユースワーカーは、時に共に考え、時に見守りながら彼らの成長を応援します。そして、そういった心のうちを話してもらえるような関係性づくりが必要になるのです。

関連書として、菅野仁『友だち幻想』（ちくまプリマー新書、2008年）もあります。優しいゆえに自身の考えを言えないことに対する解決策として、多様な人と対話する経験を育むことの意義を読みとることができます。その提案は、若者を生きやすくするヒントでもあるようにも感じます。

（岩本陽子）

「働きたいけど働けない」の背後にあるもの

工藤啓・西田亮介 著

『無業社会―働くことができない若者たちの未来』

［朝日新書・2014年］

「ニート」「フリーター」「ひきこもり」など、2000年代の前半からメディアでたびたび取り上げられるようになった日本の若者像には、ある共通のイメージが見え隠れしています。それは、働く意欲を持たずに遊び呆ける「怠惰な若者」というイメージです。その中でもとりわけ世間が眉をひそめ、その存在を問題視してきたのが「働いていない若者」であり、本書が取り上げる「若年無業者」たちです。

著者のひとりである工藤啓さんは、NPO法人育て上げネットの理事長として、2000年代初めから若者の就労支援に取り組んできました。本書は、共著者の若手研究者・西田亮介さんの協力のもと、工藤さんが育て上げネットの活動を通して出会い、関わってきた若者たちの実像をデータと事例の双方から描き出すことを通して、「怠惰な若者」と切り捨てられてきた若年無業者に対する認識を実態に即したものへとアップデートしようとするものです。

まず、本書では、「誰もが無業になりうる可能性があるにもかかわらず、無業状態から抜け出しにくい社会」（p.20）を「無業社会」と名付けています。職業訓練が未発達であるために、学校を卒業して、即企業に入るルートが一般的であった日本では、そのルートを一度外れてしまうと、再び労働市場に戻ることはとても難しいという現実があります。若年無業者と呼ばれる若者たちは、さまざまな理由でこのルートを一度外れ、無業状態になったために働く意欲があっても働くことができず、働くことができないために社会とのつながりや人間関係からも遠ざかり、働く自信や意欲すらも失ってしまうという悪循環に陥ってしまっていることを著者らは指摘しています。

そして、第2章では、工藤さんが支援の現場で出会った7人の若者の履歴書から、働くことにどこまでも真面目に向き合っているがゆえに、「働きたいけど働けない」「働き続けることができない」という状況に至る若者自身の心境が描き出されていきます。進路未決定での卒業や突然の解雇など無業に至る過程はさまざまで、「無業」が誰にとっても起こりえる身近な「落とし穴」であることを感じると同時に、若者自身が新卒一括採用・終身雇用という日本型システムを深く内面化しているために、そこに強く縛られ身動きがとれないというジレンマも見てとることができます。

そこに垣間見える「真面目さ」は、世間からバッシングされる「怠惰な若者」というイメージからは、あまりにもかけ離れているものです。真面目さゆえに一人で思い悩み、「もうどうしたらいいのか分からない」という状況で辛うじて育て上げネットにつながったのが事例に登場する若者だとすれば、その背後に「誰かに助けを求めていい」という考えも浮かばずに孤立する若者が数多く存在することは想像に難くありません。そして、それは自分自身や身近な親しい誰かにも起こりうることなのです。

さらに工藤さんたちは、支援機関につながった若者およそ２０００人を対象とした量的調査を行い、若年無業者の実態をより深く掘り下げていきます。個別の事例からは読み取りにくい問題の構造や当事者のニーズを明らかにした調査結果のひとつひとつが、若者支援の貴重なエビデンスになっていると思います。

本書は、誰もが無業になりうる社会において、無業という状況に至った若者たちの実態を事例と量的調査から明らかにする貴重な資料であり、「若年無業」という社会課題の解決を目指すＮＰＯがエビデンスを積み上げながら課題を社会化し、啓発する活動の記録でもあります。予備知識がなくても理解しやすく、感情に訴えすぎることのない簡潔な語り口で、若者支援の入門書としておすすめできる一冊です。

（尾崎万里奈）

第2章
「生きづらさ」の姿に迫る

「生きづらさ（い)」という表現が、メディア等において頻繁に目にされるようになってきて久しいです。文字通りに読めば「生きることが難しい」ということを表すこの言葉が、こうも頻繁に用いられるようになってきたのはどのような事情によるものなのでしょうか。

これまで「生きづらさ」として表現されてきたのは、社会生活を営む上での居心地の悪さ、そこで感じる不公平さや理不尽さ、そのことに対峙することへの不安、無力感、閉塞感などであるように思われます。

現代社会においてさまざまな「生きづらさ」にぶつかった若者たちの声や体験、「生きづらさ」が生み出される社会状況、これらを描いてきた著作を集めました。私たちは、なぜ、どのように、生きることを困難にしてきたのか、この言葉がいったい何を表してきたのか、そうした疑問に対するヒントを得られるかもしれません。

危機のなかで、自分をくずし自分をつくる　「生きづらさ」の姿に迫る１

竹内常一 著
『新装版　子どもの自分くずしと自分つくり』
〔東京大学出版会・２０１５年〕

わたしが本書を初めて手に取ったのは、20代はじめの頃です。本書の内容に「わたしの考えたかったことはこれだった！」と深く感銘を受けたことを覚えています。ちょうど、自身のもつ価値観や生き方に悩んでいた頃でした。その後、若者支援の現場に入り、ひきこもり状態を経験した若者たちとかかわるなかでも、本書のタイトルである「自分くずしと自分つくり」という言葉は、いつも一つの根拠地となってきました。そうした本書の魅力を、ここでは改めて言葉にしてみようと思います。

本書が書かれたのは１９８７年、だいぶ前のことになります。１９７０年代後半から学校現場で噴出した、いじめ・非行・不登校といった〝問題行動〟を取り上げながら、それを通じて、子どもたちがこれまでの自己を解体し、新しい自己を再編していく過程が描かれています。それは、親や教師の期待と要請にとらわれ、学校適応過剰となっている子どもたちが、その自分に限界を感じるなかで、やがて家庭や学校と争いはじめ、学校適応過剰の自分をくずしていく過程でもあります。それがときに、ツッパリ宣言や登校拒否宣言といった、大人側からみたときの〝問題行動〟と重なるわけです。

こうした本書の内容に近い事柄は、ひきこもり状態にあった若者とかかわるなかでも感じられることがあります。大学を留年したことをきっかけにひきこもったある若者は、「大学を卒業して企業に就職するのが当たり前。それができなかった自分は落ちこぼれだし、ダメな人間だし、価値がない」と語りました。とにかく、そのことがつらく、哀しく、しんどかったと。その後彼女は、支援機関で似た経験をもつ若者たちと親交を深めるなかで、徐々に「今のわたしが認められてるんだなぁって気持ちになって、これで大丈夫なんだ」と思うようになったといい、さらに「正社員じゃない人への偏見みたいなものをもっていたのかな」と自分のなかの価値観をくずしていきました。

　彼女が内面化してきた「こうでなければ価値がない」とみなすまなざしは、今の彼女を認め、拠り所となっている支援機関の仲間のことすら「価値がない」とみなすものになりうるわけです。そのため、彼女は徐々に、親や教師を原型に形成されてきた「こうでなければならない」と要請し迫る「内なる他者」をくずし、仲間との関係を根拠地に、これまでとは異なる共存的な「内なる他者」を形成していったのではないでしょうか。それは、彼女が、これまでの自分をくずし、新しい自分の生き方や価値観を模索しつくりはじめている過程ととらえられます。

　そうだとすれば、彼女の「ひきこもり」をめぐる経験は、「自分くずしと自分つくり」の過程の一部だったとみることもできるかもしれません。また、それを踏まえれば、「ひきこもり」を一方的に〝問題〟とみなすのではなく、そこでどのような「くずし」と「つくり」の過程が繰り広げられているのか、支援者はそれをいかに支えることができるのか、考えることも重要性を帯びてくるでしょう。

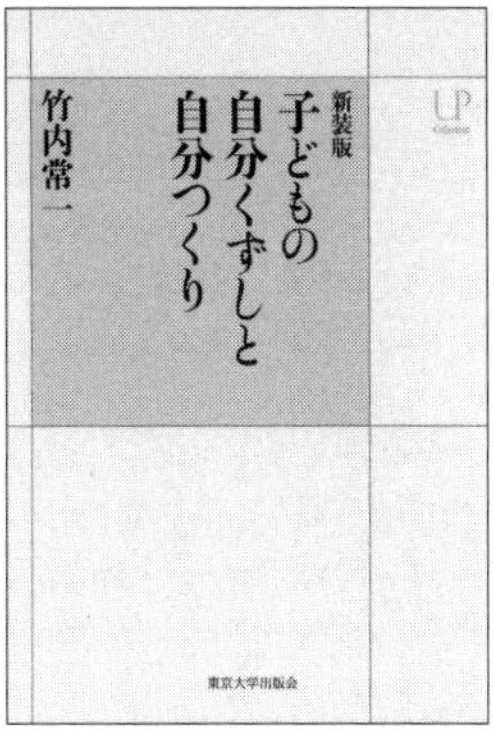

　本書からは、子ども・青年たちの行動やふるまいを、単なる〝問題行動〟としてとらえ、それを制御・改変しようとするのではなく、その只中でかれらがおこなっているかもしれない「くずし」と「つくり」の過程を見据え、それを見守り、支え、励ましていく視点が得られます。ここに、「自分くずしと自分つくり」という言葉と視点がもつ大きな魅力を、わたしは感じています。
　本書は30年近く版を重ねた後、近年ふたたび新装版として出版されました。新装版のあとがきで、著者の竹内さんは、実際に子どもたちの自己の解体と再編の過程に向き合い、また自らも「自分くずしと自分つくり」のなかを生き抜いてきた人びとが本書の読者になり、長きにわたって読み継ぎ、読み深めてきてくれたのだろう、と述べています。まさに、わたし自身が自分をくずし、つくる只中にあったからこそ本書に魅かれ、また、時を経ても似たようにそれに取り組む若者たちがいるからこそ、実践の一つの指針になってきたのだと、今思います。もちろん、時代の移り変わりに伴う違いはあるでしょうが、それも含めて、多くの人に読み深めてほしい一冊です。
（原　未来）

〔明石書店〈未来への学力と日本の教育5〉2005年〕

佐藤洋作・平塚眞樹 編著
『ニート・フリーターと学力』

2000年代初頭に流行した「ニート」「フリーター」という言葉は、若者ならば誰でも直面する仕事の悩みや葛藤、将来の不安や試行錯誤を、「かれら（若者）自身の問題」として社会が責任放棄し、自己責任へと若者たちを追い詰めていった象徴だったと言えます。社会からこぼれ落ち、取り残される若者たちと向き合う実践者は、そうした世間話・メディアのつくり上げた若者像と、現場のリアリティとのギャップや板挟みに悩み、悶々とすることも少なくありません。『ニート・フリーターと学力』というタイトルから、「またいつもの若者バッシングかな」と感じやすいのですが、本書は世間で流布されている「若者」「学力」といったイメージを再検討し、現場のモヤモヤに「言葉を与えてくれる」一冊です。

本書には「どうすればニート・フリーターを脱することができるか」といった指南はありません。若者たちの現象が、どこから来て、どういう状況で、どこに向かおうとしているのか、メディアや政策が流している「若者言説」とはまったく異なる視点で明らかにした「若者論」です。それは、いわゆる「若者問題」を、若者の側ではなく、社会の側の「問題」を映し出しているととらえるパラダイムシフトです。

編著者の一人である平塚さんは、若者たちの「社会性」「人間力」が「不足している」と見られがちな現象を、「彼・彼女らが、急速に広がる〈社会なき社会〉のもとで育たざるを得なかったことのごく自然な投影」（p.267）と論じています。高度に発達した消費社会では、「コミュニティは破壊され、個人化と分断が推し進められ、他者や社会、自分自身への「信頼感」は大きく後退しました。「誰も助けてくれない」といったプレッシャーはますます大きくなり、「他人に頼らず生きる」ことが「自立モデル」としてまだまだ幅を利かせています。

本書を通じて見えてくる「私たちがすべきこと」は、

若者たちを今の社会に適応させることではなく、誰も見捨てることのない、安心して失敗や試行錯誤を続けることができる、寛容な社会・コミュニティの再生・創造です。そして、若者たちをこの新しい社会づくりの主体・パートナーとして位置づけ、のびのびとしなやかに育つ環境づくりに努めなければならないという点です。

本書では「問題化される若者像」と「社会適応を迫る支援」の視点を乗り越え、若者の社会参加や自立、就労へ向けて、若者とともにつくりだす取り組みやチャレンジがたくさん紹介されています。その特徴をまとめると、①活動をつうじて若者同士に豊かな関係性をつくること、②自分たちの住む地域と結びつくこと、③具体的に「はたらく」経験をつうじて、「はたらく」ということを学ぶこと、になるかと思います。若者に寄り添い、若者とともにつくりだす実践が、「ニート・フリーター」という言葉で若者が問題化されていた時代に、あちこちで展開されていたことは大きな驚きと発見でした。

本書は2005年に出版されており、その後のリーマンショック（2008年）をはじめとする経済危機、政治の右傾化やポピュリズムの台頭など、若者をめぐる状況は当時よりもさらに深刻となっていると言えるでしょう。本書が出版された当時にはあまり議論がなかった、貧困や格差、若者の自殺の問題も今では大きくクローズアップされています。

一方で、子ども食堂や居場所（フリースペース）など、子どもや若者を地域で、やさしく、あたたかく受けとめる運動も大きく広がりました。また「若者支援」という言葉に代表されるような、どちらかというと一方的な関係性だった実践現場も、「若者協同実践」という、双方向で対等な関係性をベースにした新しい取り組みが模索されつつあります。こうした流れを見ても、本書で指摘されているように、「若者は〈社会〉で育つ」ということ、「若者が育つ〈社会〉をつくる」という運動は、切っても切り離せない関係なのだと感じています。

まだまだ現場での試行錯誤は続きますが、本書の「これからの社会、これからの人の育ちのあり方への問題提起」（「はじめに」より）を受け止めながら、若者とのかかわりと学びが、新しい社会の創造につながるという確信を携え、悪戦苦闘の実践を（その苦しみを楽しみに変えて）続けていきたいと思います。

（中塚史行）

「日本の学校に行きたくない」でつながり、支える　「生きづらさ」の姿に迫る3

[明石書店・2017年]

荒牧重人・榎井縁・江原裕美・小島祥美・志水宏吉・南野奈津子・宮島喬・山野良一 編

『外国人の子ども白書――権利・貧困・教育・文化・国籍と共生の視点から』

すでにして多様な子どもたちが、もし、保護者と一緒に来日して今この日本社会を生きている、あるいは、日本で生まれながら日本とは異なる国に国籍をもっている子どもたちであれば、より多様に、日本籍の子どもたちとは異なる経験をすることになります。本書は、そのような子どもたちが置かれる状況に由来する経験や問題について、副題にあるように、権利、貧困、教育、文化、国籍の観点から、丁寧に整理をし、さらに、そのような子どもたちを支える現場の取り組みを紹介しています。

そもそも、「外国人の子ども」とは一体、誰のことを指すのでしょうか。先に述べたように、日本への移動の経験は多様です。また、他国で生まれて日本に来た場合、それがどこの国からなのかによっても、彼女ら彼らの経験する日本は異なります。さらに、日本で生まれたとしても、家庭内における文化はどの文化圏を背景とするものなのか、日本の国籍をもつにしても、家庭における文化は日本のそれとは異なって、どのように「外国につながる子ども」であるのかなど、「外国人の子ども」は一様ではありません。本書は、このような「外国人の子ども」が置かれている多様な状況を十全に把握することの困難さを指摘しながらも、外国人の「子どもたちが平等に、健やかに、学び、生きていけるために」という願いのもとで編集されています。

元来、日本社会で成長し、その公共性の形成に参画していく子どもたちの発達は、国籍がどこにあるのか、彼女ら彼らの文化的背景が何に由来するのか、とは無関係に保障されるべきものです。しかしながら、その発達を阻害するものとして、本書は、国籍や在留資格といった法制度や特定の民族に対するヘイトスピーチなどの差別、権利侵害といった「外国人の子ども」特有の諸問題とともに、それらと関わって、あらゆる子どもたちの発達を保障するための場所である学校が、ともすれば子ど

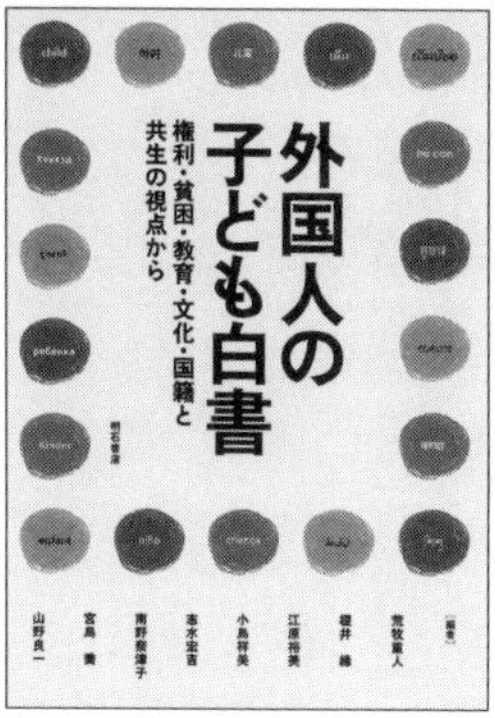

もたちの教育を受ける権利を侵害し、公共空間であるはずの学校から排除してしまうことを問題として指摘しています。このような子どもたちの不就学をめぐる現状と課題については、小島祥美『外国人の就学と不就学』（大阪大学出版会、２０１６年）が詳しく取り上げています。

たしかに、このような「外国人の子ども」の就学については、教育や学習の現場で全て解決し得る問題ばかりではありません。しかし、この日本社会に現に生き、成長している子どもたちの発達を支えることは、彼女ら彼らが教育を受ける権利を享受し得ず、安価な労働力としてのみこの社会を経験している現状を考えれば、法的保障を求める動きをつくり出すことと並行して行われるべき急務といえます。

このような、日本とは異なる文化をもつ、というだけで教育機会が保障されない子どもたちの状況は、逆に〝日本とは何か〟〝どのような国か〟を問うています。たとえ就学が保障されたとしても、「行きたくない」と「外国人の子ども」に思わせてしまう「日本の学校」の状況は、日本籍の子どもたちにとっても「行きたくない」場所である理由とつながっているかもしれません。「外国人の子ども」の学びの保障は、学校からはじかれてしまう子どもたち全体で共有できることのはずです。このことは、「外国人の子ども」をただ〝かわいそうな、支援が必要な子どもたち〟とすることにとどまらず、学校と社会が、異質なものに対してもつ冷たさを意識させるものです。

さらに、その〝冷たさ〟は、子どもたちのみが経験するのではありません。松永典子編著『学校と子ども、保護者をめぐる多文化・多様性理解ハンドブック』（金木犀社、２０１８年）は、保護者が経験する困難を含めた事例にもとづきながら、日本の学校を「多文化」「多様化」するための道筋を示しています。

「外国人の子ども」は、異なる文化的背景をもちながら日本に暮らすことによって、「同化」でもない、「異化」でもない、異なるものがぶつかりあうのではない、文化が共にあることをその全てで表現してもいます。単一民族国家であると思いこんできた日本が実はそうでないことを思い出しながら、日本社会を鍛えていくために、「外国人の子ども」の経験から学ぶことは多くありそうです。

（冨永貴公）

〔旬報社・2017年〕

『地方に生きる若者たち―インタビューからみえてくる仕事・結婚・暮らしの未来』

石井まこと・宮本みち子・阿部誠 編

ちょっと前まで私たちの社会では、若者支援ときいても、「若者は元気なんだからそんなものは不要」といった反応が一般的でした。それが、宮本みち子『若者が《社会的弱者》に転落する』（洋泉社新書y、2002年）あたりが嚆矢となり、若者たちの生きづらさが次第に知られるようになり、ついには社会政策のターゲットとして把握され、2004年には政府による省庁の垣根を超えた若者政策が始まることとなりました。民間の若者支援もそうした動きと連動・共鳴しながら活発化していきました。私も2003年、地方都市・山形にて「若者の居場所づくり」を目的に活動を始めたばかりでした。

関係者どうしの相互交流やネットワーク化が進んでいく時流のもと、私もまた全国のさまざまな支援者・研究者たちと交流や議論の機会を頻繁にもつことになりました。〈三・一一〉の震災後はさらにそれが活発化しました。しかし、震災への関心が社会から急速に失われていくのと並行し、若者支援の語りにある違和感を覚えるようになりました。

当時は、第二次安倍政権が始まりアベノミクスへの期待値が最大限に高まっていたころ。大都市圏の関係者からはよく「とにかくこれで雇用が大量に生まれるから、就労機会も増え、若者たちの苦境も解消されていく」といった声を聞きました。確かに、大都市圏ではそうだったのかもしれません。しかし、地方で暮らしながら困難を抱える若者たちに伴走し支援をおこなう私たちにとって、それはリアリティのないお話でした。そのように指摘しても「それはまだアベノミクスの恩恵が地方にまで及んでいないだけ。そのうち行き渡る」と繰り返されるだけ。ほんとかよ。

そう感じてはいながらも、若者政策の根拠となるデータやその解釈の大半に、私たちの地方におけるリアリティを言い当てているようなものを見出すことは困難で

した。それらは、大都市圏に暮らし、そこで支援／研究をおこなう人びとがつくりだしたものなので、当然でしょう。でも、それが根拠となり、地方の現場のリアリティと乖離した政策や制度が全国一律に展開されていくのだとしたら、それは問題でしょう。

　この本は、そんなもやもや――地方で暮らし活動する支援者が抱えがちな違和感――を解消するのに大きく貢献してくれる、必読文献とも呼べるものです。「地方には地方の現実があり、まずはそれを知らなければ、何が問題かもわからない」というスタンスで、社会学や経済学、地理学、教育学、社会政策などを専門とする研究者たち九人が学際的な混成チームをつくり、２０００年代半ばから約10年にわたり地道に積み重ねてきた研究実践の集大成となっています。

　著者たちはこの本で、現地の若者たち１３２人に聞き取り調査をおこない、それをさまざまな角度から分析・検討した上で、これからの地方における若者政策のありようを考察していきます。インタビュー調査の対象は岩手、山形、大分、宮崎の若者たちで、これらの県の人びとにはとりわけ親しみやすく、身近にいる若者たちを頭に思い浮かべながら読み進めることができるでしょう。

　衝撃的なのは、丁寧な聞き取りによって明らかになった地方圏の若者たちの仕事・結婚・暮らしのリアルです。すなわち、（正規雇用の低待遇ゆえに）正規雇用であろうが非正規であろうがあまり変わりなく月収は手取り10〜15万円程度。離家は困難で、多くは親元暮らし。結婚にはもちろんほど遠い。大都市圏では高就職率・賃金上昇が観察できるとも言われますが、そうしたものとはほど遠い地方の現実が生々しく浮き彫りになっています。

　一方で、若者政策では全国一律、企業への正規就労が自立のゴールとされています。しかし、この本から明らかなように、それは地方圏では解決になりません。ということは、自治体ごと、その地方にふさわしい政策構想が不可欠だということになります。自分のまち／地域でどんな若者支援の政策や制度をつくっていくか。そうした問いに向き合うためには、当然、自分たちのまち／地域の若者たちの実情と課題とを把握し、理解せねばなりません。その意味で、地方で若者たちに関わるすべての人びとにまずは手にとってほしい一冊です。（滝口克典）

鈴木裕之 著
『ストリートの歌──現代アフリカの若者文化』
［世界思想社・2000年］

若者の生きづらさは、いくつもの不当な言葉（レッテル）を背景にしています。それはたとえば、登校に対して不登校があるように、特定のあり方を肯定するために、そうではない別のあり方を否定することから生まれてきた言葉です。

そしてこの不当な言葉は、多くの場合当事者ではない人びとによって用いられてきました。それは若者の生きづらさが、当事者ではない人びと、あるいは当事者の外側に居る人びとによって表現されやすいということでもあります。若者を支援する現場で、生きづらさを経験してこなかった人が生きづらさを抱えた当事者と向き合うことを想定するとき、思いがけず不当な言葉を口にしてしまうこともあるでしょう。ただしこのとき、支援者が被支援者への態度を間違えてしまったことが問題なのではなく、お互いの立場や経験の違いが問題であることに注意が必要です。大切なのは、同じ場や空間を共有することでその違いと向き合い、これまで不当な言葉によって単純化されてきた当事者が抱えているはずの複雑さにせまることなのです。

本書は、文化人類学者である鈴木裕之さんがご自身のフィールドワークの経験をふまえて、西アフリカにあるコートジヴォワール共和国のアビジャンという都市に暮らすストリート・ボーイについて書いたものです。とくに、学校教育から離れ、非行少年と呼ばれている人びとについて書かれています。

ラベリングという社会学や心理学で用いられる考え方がありますが、本書でもはっきりとラベリングがおこなわれる様子が描かれています。わたしたちは周りにどのように思われているのかについて非常に敏感です。非行少年もまた、自分自身がどうありたいかにかかわらず、周りの人たちにそうしたラベル（レッテル）を貼られ、実際にそう扱われることで、非行に走ってしまうという

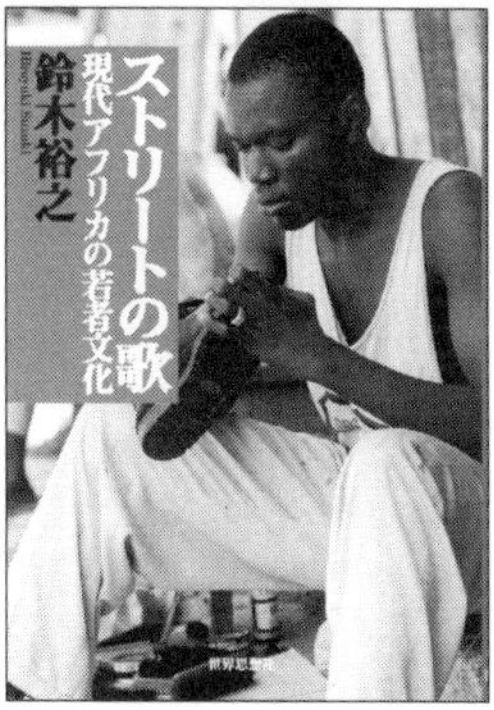

側面があるのです。この本を読むことで、言葉による差別には、日々の暮らしのなかにある人と人との関わりを実際に分断してしまうだけの影響力があるということを感じ取ることができるでしょう。この本に登場するストリート・ボーイたちは、アビジャンの人びとに〈ヌゥシ〉と呼ばれています。そして〈ヌゥシ〉とは、「あきらかに否定的ニュアンスが付与されて」(p.19) いる言葉です。ここで重要なのは、ストリート・ボーイたちは自分自身のことを〈ヌゥシ〉とは呼ばない、という点です。鈴木さんによれば、〈ヌゥシ〉とはストリートの外側で暮らす人びとが、不良少年たちを警戒して呼ぶときに用いる言葉なのです。

さらに注目するべきなのは、鈴木さんが〈ヌゥシ〉という言葉の意味を、ストリート・ボーイたちと共に暮らし、友情を育むなかで学んだという点でしょう。

鈴木さんがどのようにストリート・ボーイたちと向き合ってきたのか、という点が重要です。鈴木さんはこの本の中で、あるストリート・ボーイの友人に仲間を紹介してもらったときの緊迫した状況を振り返っています。ストリート・ボーイにとって調査にやってきた鈴木さんはストリートの外側にいる得体の知れない人間であり、そのために最初は警察の回し者なのではないかと警戒されてしまいます。そうしたとき、現地で得た友人が、鈴木さんのことを〈血の兄弟〉と呼んだことでストリート・ボーイたちの間にあった緊張が解かれます。〈血の兄弟〉とは、ストリート・ボーイたちの間で親友を意味するスラングだったのです。ストリート・ボーイたちは自分たちが不当な言葉にさらされていることを認識しながら、外側の社会とは異なった言葉を用いることで自分たちの居場所をつくりあげていました。

〈血の兄弟〉と呼んでもらえたことで、鈴木さんはストリート・ボーイとおなじになったというわけではないでしょう。ここでは、明らかにアビジャンのストリート・ボーイたちとは異なる背景をもった鈴木さんを含んで〈血の兄弟〉と呼ぶことができたという点に注目したいと思います。異なる背景を前提とした人同士が繋がるとき、お互いの違いを乗りこえることが重要なわけではなく、お互いの違いを含むことができるかどうかが重要だということが、ここからわかるからです。（入山　頌）

彼女たちが生き抜いてきた方法　「生きづらさ」の姿に迫る6

［大月書店・2015年］

『高卒女性の12年――不安定な労働、ゆるやかなつながり』

杉田真衣 著

なぜ、彼女は、離職や転職をくり返すのだろうか。

なぜ、彼女は、暴力を振るう男性から離れることができないのだろうか。

　若者支援や子ども家庭支援の現場で出会う女性たちと接すると、このようにたくさんの「なぜ」が頭をよぎることがあります。そのため、時に支援者は彼女たちを理解できず、否定的な感情が生まれたり、あきらめや無力感を抱いたりすることがあるかもしれません。支援を放棄したくなることもあるでしょう。

　そんなとき、キーワードのひとつとなるのが、社会学者・岸政彦さんの言う「他者の合理性の理解」（岸政彦・石岡丈昇・丸山里美『質的社会調査の方法』有斐閣ストゥディア、2016年）です。人びとの行為の背景には、それを選択するに至った何らかの理由や動機があるものです。ただ、それが、自分とは異なる環境や境遇にいる人びとの行為である場合、一見すると不合理に思え、その背景をすぐには理解できないことがあります。しかし、その人びとの固有の状況や文脈に即して考えることができたとき、「この状況に置かれたら、私もその選択をして当然だ」と腑に落ちる、それが「他者の合理性の理解」です。

　これまで、主に人文・社会科学の分野において、こうした他者の合理性を解き明かそうとする試みがなされ、数多くの魅力的なモノグラフが生み出されてきました。

　教育学者である杉田さんによる本書もまた、そうした試みのひとつです。本書では、東京都の下町にある同じ高校出身の4名の女性のライフヒストリーを軸に、「ノンエリート女性」の不安定な労働と生活の実態、そして、彼女たちの形成してきたゆるやかなつながりが活写されています。特筆すべきなのは、杉田さんは、本書に登場する4名の女性に対し、高校三年生のときから30歳になるまで調査を行っており、12年間の軌跡がその変化を含めて描き出されていることです。

高卒女性の12年
不安定な労働、
ゆるやかなつながり
杉田真衣 著
高校3年から30歳まで
4人の語りから浮かび上がる
ノンエリート女性たちの労働と生活の実態
その生きづらい現実と実感を
まるごと受けとめる

非正規で働き続け、先が見えないし長生きはしたくないという女性や、健康問題を抱えながら親の生活を支えている女性。こうした12年間の経験の豊かなディテールからは、一見行き当たりばったりのように思える、彼女たちの労働や生活の選択の意味が浮かび上がってきます。彼女たちの困難な労働や貧困な生活の背景にあるのは、女性を差別し、抑圧し、暴力的であり続ける、現代日本社会のジェンダーをめぐる構造そのものです。繰り返される離転職の裏には、現代の職業現場がはらんでいる女性へのハラスメントや男女の賃金格差などの問題があります。そうした中で彼女たちは、不安定な労働を引き受けながらも、ゆるやかなつながりの中でよりましな生活をしようと抗い、葛藤しながら生き抜いています。

彼女たちのおこなう選択がすべて受動的なものであるとは言えませんが、それらが能動的になされたものであると断ずることもまた早計でしょう。選択肢の幅や質は人によって異なり、置かれた環境や状況によって選ぶことのできるもの、選ばざるをえないものが変わってきます。彼女たちを取り巻く女性を抑圧する社会構造と、彼女たち自身がもがきながらおこなう選択の両方をとらえることによってはじめて、彼女たちの合理性の理解が可能になるのです。

若年のノンエリート女性の労働と生活を描く、素晴しいモノグラフは他にもあります。上間陽子『裸足で逃げる』（太田出版、２０１７年）は、キャバクラで働く沖縄の女性たちについて書かれた、静かだけれども、震えるような怒りを抱き込んだ本です。上間さんは、暴力や貧困の現実に置かれながら、必死で最善を選んで生きる彼女たちの側に、徹底して立ち続けています。

若年のノンエリート女性たちが、女性を抑圧する社会構造の中で、自らの置かれた労働や生活の状況にどのように向き合い、折り合いをつけながら生きてきたのか。これらの著作は、彼女たちが決して順風とは言えない人生を生き抜いてきた方法と、それをつかみとろうとしてきた研究者の方法の両方を表しています。そうした方法に触れることは、現場で支援者が出会う、容易には理解しえない彼女たちに近づいていくためのひとつの補助線となるでしょう。

（島本優子）

［ちくま新書・2017年］

『LGBTを読みとく――クィア・スタディーズ入門』

森山至貴 著

いじめや自傷、自殺、ひきこもり、不登校、虐待などの背景に、セクシュアリティをめぐる「生きづらさ」があるという視点は、近年少しずつ意識化され、共有されつつある状況にあります。これは、その当事者が「LGBT」などを含む性的マイノリティであることが「原因」ということではなく、社会システム（学校、職場、家庭、生活における社会規範など）が私たちの性は多様であるということを想定せずに、性的マイノリティを排除していることが大きな「原因」として考えられます。

「LGBT」とは、レズビアン（女性同性愛者）のL、ゲイ（男性同性愛者）のG、バイセクシュアル（両性愛者）のB、トランスジェンダー（出生時にあてがわれた性別ではない性別を生きる人）のTのことだということを知っている方も多くなってきているでしょう。私にもLGBTの友だちがいるよ、という方もいるかもしれません。それはL／G／B／Tのそれぞれみんないるということでしょうか。それともその中のどれかのセクシュアリティの人だけでしょうか。「LGBT」は性的マイノリティとされる人びとの総称ではありません。一方、出生時にあてがわれた性別のまま生きる人であるシスジェンダー、異性を好きになる人であるヘテロセクシュアル（異性愛者）という言葉は知っていたでしょうか。もしマイノリティの名は知っていたのに、マジョリティの名を知らなかったとしたら、そういった「知」の偏りはどうして生じるのでしょうか。

本書は単に「LGBTとは何か」を知るためのものではなく、なぜ今この社会で、マジョリティは自らの名を知らない一方で、「LGBT」がマジョリティによって知られるべき、または理解されるべき対象になったのかを考えさせるためのものになっています。その際に土台となるのが本書の副題にもあるクィア・スタディーズという学問です。「クィア（queer）」という言葉はもともと

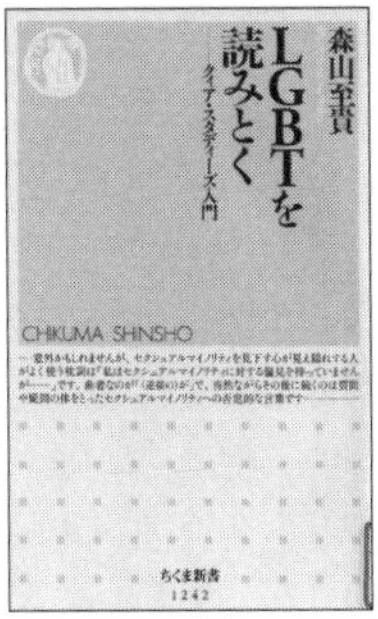

「変態」「奇異な」という意味を含む非常に暴力的な侮辱語です。そういった言葉をあえて用いることによって、社会がもつヘテロノーマティヴィティ（生物学的な男性と女性と、男性優位な格差をもとにした異性愛だけが「正しい」とする思想や社会構造）とその前提にあるさまざまな二元制を問い直すことを課題としました。

本書を読み進めることによって、そういったクィア・スタディーズという道具を手に入れた私たちは、その次に、現在の日本で認識されつつある、同性婚をめぐる問題と、「性同一性障害」（世界保健機関（WHO）は2019年「性同一性障害」を「障害」の枠から除外しました）をめぐる問題の分析に挑戦することとなります。さまざまな性、さまざまな生きかたがある現実の問題を、クィア・スタディーズの視座を通してみることによって、これらのシステムを楽観的に肯定すればいいといったものではないことがわかってきます。また、現在広く使われつつある「LGBT」という言葉の可能性と限界も見えてきます。その上でどうやってこの社会をつくっていくかといった非常に難しい課題を与えられます。

その他にも、性の多様性をめぐる教育問題、家族問題、医療・看護問題、介護・福祉問題、政治・経済問題、法律問題など、私たちが生きていく際に直面するさまざまな問題があります。ジェンダーやセクシュアリティを視野に入れた上でこれらの問題を考えるには、本書の内容を土台にする必要があります。

本書と同時に手にとっていただきたいものとして、石田仁『はじめて学ぶLGBT』（ナツメ社、2019年）、また、より具体的な課題を深めるためには、遠藤まめた『先生と親のためのLGBTガイド』（合同出版、2016年）、はたちさこ・藤井ひろみ・桂木祥子『学校・病院で必ず役立つLGBTサポートブック』（保育社、2016年）、LGBT支援法律家ネットワーク『セクシュアル・マイノリティQ&A』（弘文堂、2016年）、渡辺大輔監修『いろいろな性、いろいろな生きかた』（全3巻、ポプラ社、2016年）などがあります。

これらを通してみると、セクシュアリティはさまざまな領域に関わる課題だということがわかるでしょう。

（渡辺大輔）

家庭でのケアを引き受けざるをえない子ども・若者の存在

澁谷智子 著

『ヤングケアラー――介護を担う子ども・若者の現実』

[中公新書・2018年]

家の手伝いをする子どもを、大人は一般的に「えらいねぇ」と褒めます。子どもが家の手伝いをすることは、テレビや絵本、雑誌などでも、なんとも微笑ましい、すてきな家族のワンシーンとして描かれます。しかし、その「お手伝い」が、子どもの生活において大きなウェイトを占めることで、子ども自身の生活や教育、ひいては人生に大きな影響を及ぼす可能性があることは、長い間見落とされてきました。

一般的な近代家族像において、家族は何があっても助け合う強い愛情で結ばれた存在として描かれ、そのなかで父は家の外に出て仕事、母は家を拠点として家事と子育て、そして子どもは学校へ通い、愛され守られ大切にされる存在と位置付けられました。戦後から近年までの間に構築された社会保障制度や教育制度、児童福祉制度は、このような近代家族像を前提として創られてきています。

ところが現在、そのようなかたちではない家庭、そのような状況にいられない子どももそれなりにいることが見出されてきています。例えば、家庭内のほとんど全ての家事を担っている子ども、家族の介護をしている子ども、幼いきょうだいの面倒を見ている子ども、精神的に不安定な家族の支えになっている子ども……。わが国の教育制度や社会福祉制度の多くは、このように子どもが過度に家族のケアを担わざるを得ない場合があることを想定してはつくられていません。

「家族は愛情にあふれ、支え合う存在」「子どもは愛され、守られ、元気に学校に通って自分の将来を好きに選択し、社会人になっていくもの」これらの考え方と、現実の社会のあり方との間に生まれた矛盾が、「ヤングケアラー」という存在が見過ごされてきた土壌を生み出しています。

日本ケアラー連盟は、ヤングケアラー（子どもケアラー）

を、「家族にケアを要する人がいる場合に、大人が担うようなケア責任を引き受け、家事や家族の世話、介護、感情面のサポートなどをおこなっている、18歳未満の子どものこと」と定義しています。また同様に、「18歳～おおむね30歳代までのケアラー」を若者ケアラーと定義し、子どもケアラーと比して「ケア責任がより重くなることも」あるとしています（一般社団法人日本ケアラー連盟ヤングケアラープロジェクトウェブサイトより）。

具体的なケアとしては、「障害や病気のある家族の食事や排せつの介助、話し相手、通院などのサポート」「買い物、料理、洗濯、掃除などの家事」「日本語以外の言葉を話す家族の通訳」「幼い弟・妹のお世話」「目を離せない家族の見守りや精神的サポート」「家族にとって重要な家計の一部となるアルバイト」などが挙げられます。

自らの生き方を模索する子ども・若者期の経験は、人生設計に大きく影響を及ぼします。ヤングケアラーには、日々の学校生活や進路選択、恋愛、結婚など、人生のさまざまな節目でケアラー役割との葛藤がある一方、ケアラーだからこそ踏み出せた人生の選択もあります。日本では近年注目され始めたばかりのヤングケアラーですが、海外ではさまざまな国で調査・研究がなされています。

本書はわが国のヤングケアラーの背景、3件のヤングケアラー調査の結果とこれに基づく支援、ケアラー自身の声を踏まえたケアの意味や学校のあり方についての意見などから構成されています。また、イギリスの先進的な取り組みについてはかなり具体的に紹介されています。さまざまな国内外の状況を紹介することで「今はまず、知ってほしい」という澁谷さんの気持ちが強く表れた本であるように感じます。

そういう意味では、ヤングケアラーに対する明確な支援の方法を示したものではありません。ですから、実際に日々、ヤングケアラーに対峙している支援者の「今、どうすればよいか」という悩みにすっきりとした答えが得られる本ではないようにも思います。しかし、それが逆にヤングケアラーの多様性を表しているようにも思います。かれらは一人ひとりその状況が違い、ライフストーリーも個々さまざま、またそれに対する意味付けも人によってずいぶん違います。そのような状況も踏まえ、ヤングケアラーへの多様な視点と、捉え方の枠組みを提示してくれる一冊になっています。

（西川友理）

『児童養護と青年期の自立支援―進路・進学問題を展望する』

全国児童養護問題研究会編集委員会 編

親元で暮らせない子ども・若者の未来を拓く　「生きづらさ」の姿に迫る9

［ミネルヴァ書房・2009年］

全国児童養護問題研究会（以下、養問研）は、子どもたちの養護・教育や児童養護問題にかかわる実践者・研究者による自主的・民主的な研究会として1972年に発足し、子どもたちの発達や人権を保障するための研究を進めています。養問研の会員が多く所属している児童養護施設（以下、施設）は、貧困や虐待などを背景として家庭で暮らすことができない子どもたちを養護し、自立を支援する施設です。

施設は1947年の児童福祉法によって制度化され、当時は戦災孤児の救済が主な役割でした。近年は親（保護者）からの虐待・ネグレクトによる施設入所が増えていますが、その背景には、厳しい社会のなかで構造的に引き起こされる親の労働・生活問題の深刻化があります。

施設の子どもたちの多くは、親からの支援が得られないことや、措置延長はあるものの、18歳までの入所措置が原則です。そのため、施設で暮らす子どもの退所後の社会的自立に向けて、1970年代から1980年代にかけては義務教育終了後の高校進学問題が、そして、2000年代は児童福祉法上の措置が切れる高校卒業以降の大学・短大などへの進学問題がクローズアップされることになりました。

このうち、前者については養問研として、1983年に『ぼくたちの15歳―養護施設児童の高校進学問題』（ミネルヴァ書房）を出版しました。それから30年以上が経過し、その続編として企画されたのが本書です。そこには、雇用環境が不安定化し、家族依存の生活状況がますます進行するなか、家族を頼りづらい状況にある子どもたちが、施設退所後の生活をどのように営んでいくかという自立の課題への対応を迫られるようになってきたという事情があります。また、大学生活や、障害のある子どもへのサポートも大きな課題になっている状況があります。本書はこうした青年期の課題に焦点化して、養問研

の全国大会分科会や支部学習会などにおける議論をふまえて刊行されました。

本書でいう「青年期の自立支援」とは、自己責任論に立った自立を求めるものではなく、社会的に自立を妨げられている青年に対する社会的施策の必要性を、権利保障の観点から求めていくものです（p.62）。本書はこうした視点に立った上で、施設職員や研究者の視点だけではなく、施設経験者の視点も盛り込み、双方向的で多角的な観点から広く青年期の自立に向けた実践事例を取り上げ、体系的にまとめられている点が特徴です。

社会的養護、とりわけ施設養護には、本書にも記されているように、日本の青年をとりまく競争的な人間関係に対抗して、生活のなかで共同的な人間関係を築いていくという実践が豊富に積み重ねられていますが（p.11）、それは自立支援においても非常に重要な課題となってきます。その意味で本書は、子ども・若者の自立の課題に向き合うすべての人びとにとって、有益な示唆が得られるものとなるでしょう。

ただし、本書は出版から10年が経過し、社会的養護で暮らす子どもの進学率の改善、措置延長や奨学金制度の拡充など、社会的養護をとりまく状況は大きく変化しています。さらに、2017年8月には、前年の改正児童福祉法（家庭養育優先原則）をふまえて、厚生労働省の検討会によって、「新しい社会的養育ビジョン」（以下、「ビジョン」）が示されました。

「ビジョン」は就学前の子どもの施設入所を原則停止することや、高い数値目標を短期間で設定した里親委託の推進などを提起したため、大きな議論を呼びました。その後、厚生労働省は「ビジョン」をふまえて、里親や特別養子縁組などの家庭養護のさらなる推進とともに、施設の高機能化・多機能化と小規模かつ地域分散化を進めるよう通知を出し、都道府県ごとにそれをどう具体化するかが検討されています。

このように、近年の社会的養護は、施設養護から家庭養護への大幅な転換期を迎えており、本書で示された内容との齟齬が生じつつあります。そのため、本書と合わせて、浅井春夫・黒田邦夫編『〈施設養護か里親制度か〉の対立軸を超えて』（明石書店、2018年）や、『子どもと福祉』（明石書店、毎年7月刊行）を参照していただくことをお薦めします。

（堀場純矢）

少年非行にどのようなまなざしを向けるのか　「生きづらさ」の姿に迫る10

竹原幸太 著『失敗してもいいんだよ――子ども文化と少年司法』

[本の泉社・2017年]

「最近の少年非行は以前に比べて凶悪化しているか？」（なお、ここで用いられる「少年」という用語には男子だけではなく、女子も含まれます）。そのように誰かから尋ねられたら、あなたはどのように答えるでしょうか？　犯罪社会学の立場からいうならば、答えは否となります。統計上ではむしろ減少傾向であり、また凶悪な事件の例ともいえる少年による殺人も横ばい傾向にあります（平成30年度『犯罪白書』）。しかし、凶悪化しているとイメージする人も少なくないでしょう（『少年非行に対する世論調査』内閣府、2015年）。そのようなイメージをもとに少年非行を巡る施策は動きつつあるともいえます。特に少年法を廃止し、非行少年に対してより厳しい処分を与えられるようにすべきという意見も散見されます。

要するに社会は少年非行に対して、そのエビデンスはともかくとして、社会の脅威としてのまなざしを向けた上で、その対応策を練ろうとしています。実際に少年法は2000年以降から現在に至るまでに四回の「改正」が重ねられています。最近の「改正」に向けた動きでは選挙年齢の引き下げと合わせた形で法の対象年齢を20歳未満から18歳未満へと引き下げることが検討されており、非行少年に対してより厳しく処分できるような仕組みに変化しようとしています。「改正」に向けた動きは1990年代後半にあった少年によるいくつかの残虐な事件をきっかけにしてその機運が高まりました。しかし、「改正」が起きたのにもかかわらず、少年による残虐な事件は起きてしまいました。だから、さらなる「改正」を加える。そのような循環が続いています。しかし、少し見方を変えると「改正」の方向性が本当に正しいのか、そのことを検討し直す必要があるのではないかという疑問も沸きます。

この本では、さまざまなデータや文献を用いて多角的に少年法「改正」に対する問題点を論じることを通じて、

失敗してもいいんだよ
子ども文化と少年司法
竹原 幸太
「厳罰ではなく子ども文化の復権を！」の主張は、子どもに関わる全ての人に、希望の光となるでしょう。
春野すみれ（「非行」と向き合う親たちの会）

少年非行に対する社会からのまなざしのあり方について提案しています。第1章では、2010年代に起きた衝撃的な少年事件などが起きた背景について考察しています。その背景として第一に子どもの貧困に代表されるような社会的な不利があったこと、第二に少年たちが成長発達問題を抱えていたことが示されています。その上で、少年非行に関する統計から凶悪化については否定し、適切な職場への就職などの社会参加の促進が、少年の立ち直りにとって重要であることを示唆しています。また第2章では、少年法や学校における非行・いじめ問題への対応についてコンパクトに解説し、また少年司法に関わる代表的な専門職についても解説しています。それに加えて第3章では、近年目立っている非行当事者によるピアサポート活動に取り上げつつ、それから何を学ぶのかについても考察されています。特に、非行について捉えなおすための居場所を創る、および参加者自身の非行経験を同じように非行をした少年に対する支援のための強みに変える重要性について考察されています。また第4章では、子どもの権利条約について触れながら、条約を軽視するような少年法「改正」について批判しています。また、少年法「改正」のような少年に対する厳しい対処とは異なり、被害者も加害者も地域社会へ再統合していく修復的司法の実践についても紹介されています。そして終章では、少年非行を〈社会の脅威〉ではなく〈成長発達上のつまずき・失敗〉として捉えた上での関わり方についての提案が書かれています。特に教育学や社会福祉学の観点からつまずきや失敗をもとに、子どもの育ちをよりよくするための視点（甦育《そいく》）を提示しています。

本書を勧める理由は、最新のデータや言説および多くの参考文献・資料をもとに、多角的および広い視点から少年非行について論じている点にあります。非行少年に対して厳しい処分だけではない方法での関わり方があることをまず知ることが、少年非行について考察していく上で重要であり、そのための視座をわかりやすく提供してくれます。

本書には、納得できるところ、できないところもあるでしょうが、少年非行をめぐる論点を見出すことは重要です。関心をもたなければ議論は起きず、議論が起きなければ状況の変化も生まれないのですから。（相良　翔）

奥地圭子 著『不登校という生き方――教育の多様化と子どもの権利』

［ＮＨＫブックス・２００５年］

不登校に限った話ではありませんが、子どもと関わるうえで第一に心にとどめておきたいことは、子どもの学び・成長する権利をはじめ、意見表明権や自己決定権など、子ども自らが自身のことを考え、自身の力によって成長する「子どもの権利」を守るという視点です。本書の第5章でも、子どもの権利条約に触れられていますが、権利条約の視点に立てば、これまで「義務教育」のもとに不登校、あるいは学校に行きづらい子どもたちを苦しめてきた「学校に通うのは子どもの義務」「せめて義務教育くらいは行ってほしい」という言葉も誤りであることがよりはっきりとわかるでしょう。日本国憲法第二六条（教育権）および教育基本法第四条（義務教育）にも示されているように、子どもは「学校に行く義務」ではなく「教育を受ける権利」をもっており、その権利を行使しないことも当然認められているのです。

目次をめくれば「親はどう対応したらよいか」「学校とのつきあい方」「軽度発達障害」「進路（進学、就労）」「ひきこもり」といったテーマが目に入ってきます。それぞれの局面で、当事者の周囲にいる人間が具体的に何を考え、どのように動くべきかを考えるための参考にするという活用法もありますが、ともすれば「学校的な価値観」にとらわれ、子どもや若者をあるべき姿に導こうというような思考に陥らないための指針として読むことをお勧めしたいと思います。また、「フリースクールに通う」「ホームエデュケーションで育つ」あるいは「海外の事例に学ぶ」といった項目では、いわゆる「学校での学び」「学校的な価値観」を離れ、その上で子どもたちの学びと成長の権利をどのように保障するかが提案されています。特にホームエデュケーションについての冒頭で書かれている「フリースクールにさえいけない」という言葉から始まる一文は、不登校に限らずさまざまな現場の実践者に気づきを与えてくれます。不登校の子たちのなか

でも、フリースクールに通っている子とそうでない子の間につけられがちな序列的まなざしがあり、それを超え出ていくために「ホームエデュケーション」という考え方を自らの活動に取り入れたと語ります。それは単に「学校やフリースクールに通えない子どもにも学びの機会を保障する」というだけでなく、そもそも子どもがどのような場で学ぶべきかを社会の側が規定し、序列をつけることがまちがいであるという問題提起として読み取るべきでしょう。

また本書は、大人による語りだけでなく、子どもたち自身の声や、フリースクールに通う子どもたちが実施した不登校に関するアンケートなどにも多くの頁がさかれています。奥地さんは、フリースクールや不登校にかかわる運動のなかで「子どもの声を聴く」「子どもから学ぶ」という言葉をさかんに使っていますが、それは本書においても体現されています。大人である奥地さんの想いを伝えるだけでなく、子ども・当事者の声をもとに学校や社会のありようを問うことを促す一冊です。

この本が書かれた2005年から10余年、いったんは減少傾向にあった不登校の児童・生徒数は増加の一途をたどっています。そのような背景のもとに、時間や場所にとらわれずに学べる広域制通信高校の増加など、学びの手段は多様化しています。

しかし、そのような多様化は、本書のタイトルに含まれる「教育の多様化」とは別物だと考える必要があります（もちろん一概に否定されるべきものではないですが）。本書に登場する子どもたちは、みなフリースクールで自ら学びたいことを学んでいます。それはフリースクールが多様なプログラムを用意しているからではなく、子どもたち一人ひとりの意志、希望に応じて学びの場をつくりかえ続けているからに他なりません。教育の中心は学習者たる子ども自身であり、そのため子どもが多様であれば必然的に教育も多様となる、これが本書で語られる「教育の多様化」の意味でしょう。

学校であれフリースクールであれ「おとなたちが良い場所をつくってあげる」などという傲慢な考え方は捨て、子ども自身に主権を返す。教育の多様化が求められる今だからこそ、もう一つの副題として「子どもの権利」という視点が上げられている意味を感じながら、本書を読んでみてはいかがでしょうか。

（松島裕之）

［PHP新書・1998年］

斎藤環 著

『社会的ひきこもり—終わらない思春期』

本書は、精神科医の立場から、「ひきこもり」についての社会的な理解を促すことを企図した書物です。精神科医として臨床に携わる斎藤環さんが接している、家族以外の他者と（あるいは家族でさえも）コミュニケーションを取ろうとしない若者たちは、本書が出版された1998年当時の臨床現場においてはもはや珍しくない存在でした。一方で、そういった若者についての社会的な認知度は、現在ほど大きくはありませんでした。振り返ると隔世の感がありますが、出版から20年ほど経過した現在でも、本書は色あせない部分があります。

本書の前半である第1部では、しばしば精神疾患や神経症的な症状を伴って診察室に現れる彼らに対して、「社会的ひきこもり」（Social Withdrawal）という言葉を与えることでカテゴリーとして実体化しつつ、「できるだけ従来の精神医学の中に位置付けておく」（p.82）必要性から、さまざまな「症状」や精神疾患との関連において「ひきこもり」が説明されています。

また個人と家族、社会の三つのシステム間の「悪循環（コミュニケーションの欠如）」に焦点化した「ひきこもりシステム」という考え方が採用されています。個人と家族、個人と社会、家族と社会のそれぞれのシステム間において、相互性を保ったコミュニケーションの回路が塞がれ、各自のシステムが乖離した状態で安定してしまっていることこそが「ひきこもり」問題の本質だということであり、個人の病理にとどまらない、「ひきこもり」の社会学的側面にも光を当てています。

切り離されてしまった個人と家族・社会をいかにつなぎ直していくか、このような本書の問題意識の背景には、当事者の周囲だけではなく社会全体においても「社会的分断」が生じていることがあらわれています。臨床においては社会や家族に個人を再接続していく短期的な発想が必要かもしれませんが、社会的に考えるならば、

やはり個人化に応じた個々人のライフスタイルの多様性をいかに保障していくのか、より中長期的な視点に立って考えていくべきではないでしょうか。

後半の第2部では、主に家族（特に親）に向けた「ひきこもり」への対応方法について、精神科医の立場から解説がなされています。この20年だけを見ても、精神科受診への心理的ハードルはずいぶん低減したように思われますが、いまだに偏見や差別が残るのも事実です。一方で、十分なインフォームド・コンセントがないままに治療がすすめられることもあります。また家族という立場は、医療と患者本人をつなぐ媒介者であると同時に、家族療法などの対象者ともなり得ることから、家族自身も精神科医療との適切な付き合い方を学んでいく必要があります。本書における家族としての対応の流れを参考にすることで、親として子どもとどのようにしてかかわっていけばいいのか、精神科医療をどのように利用すべきかについて、考えていくきっかけになるでしょう。

さらに本書以後の精神科医療環境の変化をフォローするためにも、最近の取り組みである「当事者研究」や「オープンダイアローグ」を取り扱った本で学びを深めていくのもよいでしょう。

本書における家族システムの内実は、近代家族イメージを下敷きにしていると思われます。つまり、親と子どもからなる核家族を単位とし、父親（夫）は家庭外で労働して生活費を稼ぎ、母親（妻）は家事・育児に専念するといった性別役割分業制度やロマンティックラブ・イデオロギーを基盤にした婚姻制度、子ども中心の家族観などを前提として、家族としての対応が解説されているように思われます。そもそも思春期男性に問題を焦点化することからも、息子に父親（夫）として「（性的に）成熟」することへの期待が見て取れます。

しかし、近代自体はさらに変容し、家族のあり方や個人のライフスタイルが急激に多様化しています。この20年をみても、少子高齢化が進み、非正規雇用で働く人びとが増え、「格差社会」や「貧困」を意識し始めた時代といえます。経済が急激に成長する時代、皆が同じような豊かさを夢見た時代からは次第に遠ざかっています。「ひきこもりシステム」を通じて、家族を取り巻く社会制度や家族モデル自体の見直しが社会的に急務です。

（伊藤康貴）

上山和樹 著
『「ひきこもり」だった僕から』

［講談社・2001年］

本書は、2001年と早い時期に出版された、ひきこもり経験者による著作のひとつです。前半は著者・上山和樹さんの人生（出版時、33歳）を振り返った回想録、後半は講演録の形式で、ひきこもり経験や当事者への支援についての考えが語られます。

前半部では、何といっても、ひきこもり経験の現実についての、生々しい描写が印象的です。上山さんの軌跡を振り返りながら、描写の一部を紹介しましょう。

幼少期の回想からは、繊細で、少し怖がりで、頑固なところもある、母親思いの上山少年の姿が浮かんできます。転校後はクラスになじめず、居場所をつくるために「優等生」でなければと思うようになります。本格的に受験勉強を頑張ろうとした中学2年の秋、異変が始まります。頭が鉛のように重く、勉強に身が入らない。

「大人になっていくイメージが、強迫観念的に『一本のレール』として頭の中にインストールされてしまっていて、そのレールの上でどこまで行けるかだけが『社会人』に許された道なのだと思っていた。ドロップアウトは死を意味した。恐ろしかった」（p.40）

中学3年の夏休み明けからはまったく通学できなくなります。高校に進学するも不登校は続きます。「友人たちは、『高校一年生』、新しい環境で頑張っている、それが窓の外、町の喧騒を通じて伝わってくる。世界のニンゲンたちが寝静まった深夜の時間だけが、わずかに心安らぐ」「すでに僕は〈世界〉の歯車の外にいた」（p.43）

その後、恋愛や一人旅も経験しますが、「自分には何もない」という思いは消えず、高校2年で中退。その後、大学に進学しますが、自分の居場所ではないと感じ「別の大学を目指す」と下宿して予備校生活。テレクラにはまり、請求額は30万円超え。自分ではどうすることもできず、実家に戻りました。

その後も上山さんの試行錯誤は続きます。何をやって

も「社会」に入っていけない絶望が縷々綴られています。

上山さんの自伝は、「学校から会社へ」という硬直した「一本のレール」の中に居場所を見つけることができないひきこもり経験者の苦しみと葛藤を鮮烈に伝えています。「レール」の上に居場所がなければ、生きる喜びを感じることは不可能なのか。「レール」を広げたり、「レール」のそとに居場所をつくったりすることはできないのか。「社会」とはもっと多様な場所であってもよいのではないか。そんな問いも呼び起こされます。

今から振り返ってみると、2000年前後に「ひきこもり」という言葉が注目され、上山さんが「ひきこもり」経験者としてその半生をつづった本が出版されるという状況自体が、高度経済成長期以降の「学校から会社へ」という社会が用意した「一本のレール」が軋み、もはや当たり前ではなくなったことを表していたのだと思います。「ひきこもり」という言葉は、レールの外に置かれ、混乱し孤立した人たちが必要とした言葉でもあります。「ひきこもり」という言葉との出会いを通じて、彼・彼女たちは自分を表現し、社会とつながる一歩を踏み出すことができたのだと思います。

私自身、2000年代前半に「ひきこもり」という言葉に惹きつけられた背景には、自分らしく生きられない生きづらさがありました。「学校から会社へ」という画一的で競争的な環境を何でもないような顔をして生き続けることに疲れながら、それでも「働かなければ生きていけないのだ」と思い詰めていました。そんな私にとっても、「ひきこもり」という言葉は、社会への問いを開く扉になりました。

少し話が脱線しましたが、本書は、ひきこもるという経験の実存的な問題としての重みを伝えています。後半部分では、上山さん自身のひきこもり経験にもとづく、支援についての鋭い見解も数多く提示されています。いくつか印象的な言葉を紹介しておきます。「ひきこもる人たちの抱えているエンジンを活かせる多様なクラッチをつくっていく」「仕事の前にまず信頼できる人間関係」「『性・お金・死』がひきこもりに関する最大のトピック」。現在でも、ひきこもる苦しみとその実存のかかった重みを理解し、ひきこもり問題を考えるための多くの示唆を与えてくれる重要性をもつ本だと思います。

（関水徹平）

石川良子 著『ひきこもりの〈ゴール〉―「就労」でもなく「対人関係」でもなく』

［青弓社・2007年］

本書は、社会学者である石川良子さんが「ひきこもり」について論じた本です。ひきこもりに関連する著書は、2000年以降多く出版されるようになりました。その中から、なぜこの本を紹介するのか、私なりのオススメ理由を挙げてみます。

第一に、本書の問題関心がとても明快であることです。石川さんは、「ひきこもり」の人たちの自助グループに参加し、インタビューを続けるなかで、当事者の葛藤に共感的に耳を傾けてきました。しかし、数年が経ってもそのコミュニティから一歩踏み出そうとする気配が感じられない当事者に対し、あるとき、就労に向けた行動を起こすよう促したい気持ちがあらわになったそうです。表向きにはかれらに理解ある態度を示しながらも、芯から「理解」していたわけではなかったために、「ひきこもり」を否認したい衝動が爆発したのだ、といいます。このように当事者に対してもどかしさや苛立ちを感じる根っこには、社会参加できている自分を基準に当事者を評価し、かれらがなぜ社会参加できない（しない）のかを問う視点が欠如していることがあると、石川さんは考えました。そして、当事者にとって「ひきこもり」とはどのような経験なのか、〈回復〉とは何を意味するのか、明らかにすることを試みたのです。

こうした石川さんの体験や問題関心は、実践現場で支援者がもつ感情とも重なりうるものでしょう。本書を読むことを通じて、ときに私たち自身に沸き起こる当事者へのもどかしさや苛立ちの感情に向き合い、その背景を探ることができるかもしれません。

また、本書をお勧めする第二の理由は、「ひきこもり」当事者の豊かな語りによって、先の問いが明らかにされていく点です。とりわけ、当事者の矛盾するような語りと、その分析は読み応えがあります。たとえば、就労への強いこだわりを見せながら、一方で「いまこの社会に

回収」されることへの疑問を抱き、しかしなおかつ自分自身については「回収」されたいという思いが抜きがたくある様子が、かれらの「ひきこもり」経験を特徴づける内面のせめぎ合いとしてリアルに描かれています。近年では、当事者の人たちによる出版物や、当事者が登壇するイベントなども増えてきましたが、かれらの語りから発見することの多さにはいつも驚かされます。本書でも、そのような語りに出会えることでしょう。

そして、第三に、ここがもっとも注目したい点ですが、ひきこもりの人びとの経験を考えながら、私たち自身、あるいは私たちの生きる時代性を問う視点が含まれている点を挙げておきます。「ひきこもり」はある個人の状態像を示すものではありますが、それがどのような時代特性と結びついて生じているのか考える視点が本書にはあります。本書を読めば、私たちは「ひきこもり」の人びとと同じ地平に立っているのだ、ということがよくわかるでしょう。そして、同じ地平に立っているからこそ、ときに私たちの足場を揺るがすように感じられる「ひきこもり」に対して、不安や苛立ちを感じたり、攻撃的になったりと、過剰に反応してしまうことも理解できます。目の前の若者の存在や姿だけにとらわれず、自分自身も含めて「ひきこもり」をひろく考える視点を、本書は提供してくれるのです。

ただし、本書に登場する人びとは、総じて中流家庭で高学歴（志向）であることには留意が必要です。近年の実践のなかでは、貧困・生活不安定世帯でひきこもり状態にある人たちの存在が少しずつ可視化されてきています。本書で語られているあり方は、そうした低階層の人々にも広げて考えうることなのかは、別途検討されなければならない課題であるようにも思います。

また、実践的観点も本書では後景に退いています。「ひきこもり」という経験の中核にあるとされる問う営みが、語りから丹念に描かれているものの、そのプロセスや問う（あるいは語る）という行為を支えるコミュニティの存在などにはあまり言及されていません。そうした観点が気になる人は、佐藤洋作・平塚眞樹編著『ニート・フリーターと学力』（☞本書30頁）にある「〈不安〉を超えて〈働ける自分〉へ」（佐藤洋作）などを参照することをお勧めします。

（原　未来）

飯島裕子／ビッグイシュー基金　著
『ルポ　若者ホームレス』

［ちくま新書・２０１１年］

若者支援に携わって間もない私が出会ったこの一冊。そこには想像を絶する、目をそむけたくなるような若者の現状が書かれていました。若者がホームレス？　あまり見かけたことがないけどなぁ……。私がこの本に出会うまでの率直な感想でした。

本書によると、かつてのホームレスは50歳以上の男性が多数を占めていましたが、近年、20〜30代のホームレスが急増しているそうです。本書では、若者ホームレス50人へのインタビューから、若者ホームレスの実態、家族、仕事について、若者の生き抜いてきた人生の語りを盛り込んで明らかにされています。そして、ホームレス脱出を助ける様々な社会資源について紹介するだけでなく、それを利用している若者の声、資源があってもそれが若者の未来を切り拓けるものになっているのかどうかについてまで言及されています。

「まだ肌寒さが残る三月中旬の土曜日、東京・池袋の公園で行われている炊き出しに出かけた」（p.8）この一文から本書は始まります。ホームレスの人たちの自立を支援する雑誌「ビッグイシュー」に創刊一年目から参画されている飯島さんが、路上生活をする若者に出会い、一人一人の思いを代弁するかのように、彼らのエピソードやメッセージを綴っていきます。

第1章では若者ホームレスの実態について述べられています。若者ホームレスの多くは、いきなり野宿状態に陥るのではなく、ネットカフェ等の生活を経て路上生活へ出ているようです。私が抱く若者のホームレスは見かけないという印象は、ごく普通の若者と変わらない風貌をしている若者が〝ホームレス〟であるとはわかりにくく、また、若者自身がホームレスだという自覚に乏しいという、若者ホームレスが不可視化されているという状況から来ているのかもしれません。「家がないからホームレスなんだけど、ほんとのホームレスではないってい

う変なプライドみたいなものがある」「時間を潰すことが何よりストレス」(p.17)、「ホームレスってばれるんじゃないかって、内心ハラハラしながら、ひたすら時間が過ぎるのを待つ」(p.65)など、ホームレス生活を送る若者のリアルな叫びが語られています。

それではなぜ若者は家を持たない生活をするようになったのでしょうか? 第2章では、若者ホームレスの多様な家族の形について、第3章では、若者ホームレスの仕事経験や離職に至った経緯、そして将来彼らが仕事を見つけ、自立する可能性について書かれています。本書では、〝ホームレス(homeless)〟には、ただ単に住居がない(houseless)という意味だけでなく、拠り所となる家族(home)がいないという意味が含まれていると述べられています。若者ホームレスの解決は、単純に仕事を得た、住居を得た等だけでは不十分であり、困った時に自分を受け入れてくれると信じられる人たちとの繋がり、そういったコミュニティを得るということが重要であるのだという学びを本書から得ました。このことは、私が支援現場で出会う若者たちにとっても言えることだと感じています。

若者支援をする上で重要となることは、ホームレスであろうとなかろうと共通するものがあります。本書は、若者ホームレスという事象を通して、その実態についての学びを与えてくれるだけでなく、自身が現在かかわっている若者へのサポートについても、新しい示唆を与えてくれる一冊でした。

私は、本書の若者の生の声を受けて自問自答を繰り返し、たくさんの対話をさせてもらいました。そのなかで気付きを得たり、反省したりしながら、一歩一歩今よりも若者に近い視点で若者の困難を知ろう、知りたいという気持ちが大きくなっていきました。「『ルポ若者ホームレス』の著者は、ほかでもない、彼ら自身なのだということを記し、ペンを置きたいと思う」(p.229)本書はこの一文で締めくくられています。多くの若者が、思い出すこと自体が辛い体験になるかもしれないなか語った言葉、その言葉を丁寧に受け取り続けた飯島さんとで綴られたこの一冊が、若者を現場で支えようとする多くの方々の心に届くことを願います。

(末代咲恵)

第3章

わたしたちの生きる社会の仕組み

グローバル化、少子高齢化、情報社会化……現代社会はこれほどまでに大きな変動に直面しているのだ、と雄弁に語りかける言葉が巷に溢れています。そして、こうした変動は、とりわけ「若者」に影響を及ぼすものとして語られがちです（あるいは私たちが「若者」のあり方に社会の変動を見出してきたともいえるでしょう）。

一方で、これらの大きな言葉たちは、私たちの生活からは何か少し遠いところにある言葉のように思え、また、第2章で描かれてきたような「生きづらさ」の背景を説明するには少し雑駁すぎる見立てであるようにも思えます。本章では、日本社会がどのような動きをしてきたのか、現在どのような状況にあり、私たちの（あるいは若者の）生活にどのような形で影響を及ぼしているのか、単なる大きな言葉の羅列ではなく、厚みのあるデータや確かな論理的考察によって現実的な問題に切り込んでいる著作を紹介します。

本田由紀 著『社会を結びなおす―教育・仕事・家族の連携へ』

［岩波ブックレット・2014年］

我が国の「若者支援」が「就労支援」に偏っている現実のなかで若者たちと接していると、ときどき僕は「一体全体、若者を〝支援する〟っていうのはどういうことなんだ?」という思いにかられるのです。みなさんはどう考えますか。

「適職にむけてキャリアコンサルをおこない、なるべく正社員になれるように就職活動を支える」こと?「働くことのイメージをもってもらい、必要な〝訓練〟をおこない、エンプロイアビリティ（雇用されうる能力）を高めて、仕事に就く援助をする」こと?

もちろん、そのとおりだと思います。自分の能力を発揮し、出番を得て、役割を果たしていくこと＝「しごと」をすることは、人としての喜びの源であるからです。

ただ、僕を悩ませるのは、この国のこの時代を生きていくことを考えたときに、「職に就きさえすればしあわせなのか」ということなのです。いうまでもなく、1990年代以降非正社員の割合は一気に上昇し、まるでそれと歩調を合わせるかのように、正社員の働き方が「しんどく」なってきています。

そして、「就職して稼いで〝自立〟する」ということのみで社会への〝適応〟を促すということは、一方で「経済の奴隷」になることを、この国に生きる若者たちに強いるということなんじゃないかというややこしい疑問が、僕を悩ませるのです。

僕の同僚たちが若者たちと、本田さんの岩波ブックレット『社会を結びなおす―教育・仕事・家族の連携へ』の読書会をしていました。参加したある女性は、「自分の弱さや自分の力のなさに向かわなきゃならないのに、社会のことを考えるなんて筋違いじゃないのか」という疑問を持ちながら参加していたと言います。

でも、ある集会でこの読書会のことを報告した彼女のことばが印象的でした。

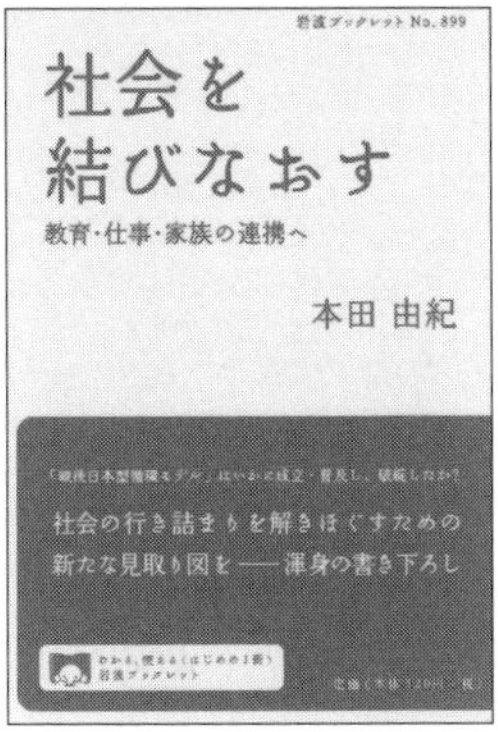

「生きる上で悩むことがなくなることはない。でもこの本を読みすすめるうちに、地に足が着いて悩めるようになった」

僕たちが「どう（しあわせにむかって）生きていくのか」を考えるには「どんな現実に生きているのか」という認識が、どう考えても不可欠です。

本田さんはかつて、個人の能力（「○○力」といった言説、一時期ものすごくはやっていましたね）への執着が、個人個人に「『サバイブかあきらめか』の二者択一を課すような考え方を生み出している」と言っていました（『もじれる社会』ちくま新書、2014年 p.120）。読書会の彼女は、その罠にハマってしまっていたのかもしれません。

でもやがてブックレットを読みながら自分の生きる現実がみえてきて、さらにその現実に共に向かう仲間が拡がっていったときに、「自分の・個人的な問題」が「みんなの問題」「時代の問題」になっていき、「その中で私たちがどう生きていけるのか」といった「地に足の着いた悩み」になっていったのかもしれません。

本田さんは、教育の職業的意義は〈適応〉と〈抵抗〉という二つの側面を含んでいなければならないといいます。それは「生きるに値する・生きていくことのできる現実を・社会を制作していくこと」といい換えられるでしょう。自分だけを「変えて」、一方的に・無批判に現状へと〝適応〟させていく、そういう「自立モデル」をこえて、自分たちをさいなむものをこえていくこと。それを本田さんは〈抵抗〉と表現したのかもしれません。

個人のおかれている状況が、客観的な社会構造に規定されているにもかかわらず、もっぱら個人の選択や努力の結果であるととらえられてしまう、この「主観と客観との乖離」を、イギリスのファーロングという人は「認識論的誤謬」と表現しました（アンディ・ファーロング&フレッド・カートメル『若者と社会変容』大月書店、2009年）。そのことにより、多くの若者が（そしてオトナも）「自分地獄」に苦しめられています。

個人の苦しみを「みんなの苦しみ（共苦）」とし、時代状況にともにむかっていく。本書はそんなきっかけとなる一冊です。

（藤井　智）

『〈学校から仕事へ〉の変容と若者たち―個人化・アイデンティティ・コミュニティ』

乾彰夫 著　［青木書店・2010年］

「若者支援」として、特に個々人としての若者に向き合っていると、様々な課題を抱えていることが見えてくることと思います。しかし一方で、「若者」が一般的にどのような状況に置かれているのかについては、なかなか見えてこない部分があるのではないでしょうか。著者の乾さんはその具体的状況について、社会に出ていく若者の追跡調査をおこなうことで、若者の置かれている普遍的状況について明らかにしています。若者の置かれた状況を知るためには、まずこの本を手に取ってみてはいかがでしょうか。

　まず前提として、日本では学校を卒業してすぐに企業に雇用される形で社会に出ていくルートが一般化されてきた歴史的経緯があることに触れ、このことが若者たちのあり方に大きく影響してきたことを示しています。言い換えれば、若者たちにとって就職こそが自分自身の生活を成り立たせるための必須条件として認識されるようになったのであり、彼らのライフコースがどれだけ安定したものになるかが企業にかかっている構造が作られてきていたのです。こうした構造は世界的に見ても日本に特徴的なものであったとされ、「戦後日本型青年期」として言及されています。乾さんが追跡調査で描き出しているのは、こうした状況下で生き抜く若者たちのありのままの姿であったといえます。

　そして乾さんは、追跡調査の結果をもとに若者が抱える課題について、具体的に大きく三つの点を指摘しています。

　一つ目は「良い学校に入り、良い企業に就職する」というレールは依然として存在していながら、そのレールから一度外れた若者たちは自分の力だけで状況の改善をおこなうことが求められているという状況についてです。一度レールから外れてしまった場合の修正が、当人の個人的力量によってのみおこなわれるような構図と

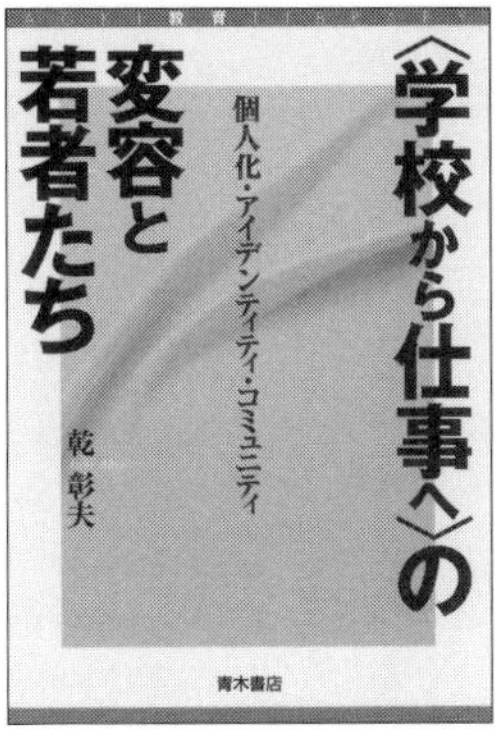

なっていることで、周囲を頼ることもできないままに孤立してしまうことが多々あります。

二つ目として、学歴や社会階層、ジェンダー等によって生じる格差の問題があります。乾さんの調査からは本人の学歴が社会に出ていく際の安定度や職種に明確に影響していることが確認されていますが、その他にも家庭の経済力や性別等の項目ではっきりとした格差が認められています。つまり、様々な条件によってライフコースのあり方が規定されてしまう部分が大きいのです。

最後に三つ目として、若者がどのようなコミュニティに身を置いているかによって、彼らの意欲や動機が大きく影響を受けていることがあげられます。社会に出ていく際には若者自身の個人的力量が問われるような認識が広まっている現状ですが、その背後には家族やコミュニティなど個人には帰しえない要素が重要な働きをもたらしています。

こうした乾さんの見解は、一人ひとりの若者が抱える個別の課題の背後に、どのような社会的な要因が潜んでいるのかを検討するという点で、非常に示唆に富んだものであると言えるでしょう。歴史的視点や、各国の情勢と比較検討する視点を基盤に据えることで、目の前の事象をより深く検討していくことができるようになるはずです。

同様の視点を提供してくれる本として、例えばジル・ジョーンズ＆クレア・ウォーレス『若者はなぜ大人になれないのか』（新評論、１９９６年）があります。この本はヨーロッパにおいて、産業化や福祉社会化等の社会的要因に伴いながら、青年期が社会的にどのように構築されてきたのかを検討しており、本書ともかかわりを持つものなので、併せて読んでみることをお勧めします。

また、日本社会について歴史的に検討する本として橋本紀子・木村元・小林千枝子・中野新之祐『青年の社会的自立と教育』（大月書店、２０１１年）があります。こちらは「自立」をキーワードに、戦後日本型青年期が成立していく過程について検討しています。

（大山　宏）

『若者はなぜ「就職」できなくなったのか?―生き抜くために知っておくべきこと』

児美川孝一郎 著

［日本図書センター・2011年］

いま、私たちの社会では、多くの人びとの間に様々な分断が広がっています。それが最も鮮明に表れている事柄のひとつは、「働く」ということではないでしょうか。例えば、正規と非正規、男性と女性、親世代と子ども世代。こうした属性や境遇などによって、私たちの働き方や待遇は大きく異なっています。

低賃金に苦しみ、明日の生活が見通せない非正規雇用労働者。長時間労働にあえぎ、過労死や過労自殺と隣り合わせの正規雇用労働者。立場は異なっていても、多くの若者がぎりぎりの状況に置かれ、必死の思いで日々を生きています。しかし、こうしたしんどさは、個人の問題に矮小化され、若者自身が自分と誰かを比べて、ますます頑張らなくてならないと感じてしまう傾向が強まっているのが現状です。

なぜいま、こうした状況が生じているのでしょうか。

本書は、若者の働くことをめぐる社会構造の変化を、分かりやすく示してくれる一冊です。児美川さんは、1990年代以降、グローバリゼーションの進展と国際的な経済競争の激化によって企業の雇用戦略が転換し、若者の「学校から仕事への移行」プロセスが変容したと分析しています。その結果、学校や大学ではいびつなキャリア教育・キャリア支援がおこなわれるようになりました。しかしながら、従来の「新規学卒一括就職から日本的雇用へ」という仕組みにもデメリットがあるため、そこに戻るのではなく、新たな移行のかたちを構築していく必要があると論じられています。

教育学者である児美川さんは、若者がこうした状況にどう向き合っていくかについても重視し、キャリア教育の中で、厳しい労働環境についての認識を持たせた上で、労働者の権利等についての学習や職業的能力の習得機会を提供する必要があるとしています。そして、中・長期的には学校教育や労働市場のあり方の改革を目指すべきだと述べています。
　このように、若者個人の力を育んでいくことは言うまでもなく重要ですが、私は、働くことをめぐっては、個人の置かれた状況の中に社会構造を見出そうとする視点が最も重要であると考えています。私たちが直面する生活課題や個人の苦悩は、自分自身ではそうと意識されなかったとしても、大きな社会構造や歴史の影響から決して自由ではありません。その中でも、働くことは、社会や経済状況の変化が直接的に反映されるにもかかわらず、個人の能力や努力の問題に還元されやすい事柄の最たるものです。若者が強い個人になるのではなく、世代として連帯することの重要性について筆者も指摘していますが、こうしたことはもっともっと強調されて良いと私は思います。

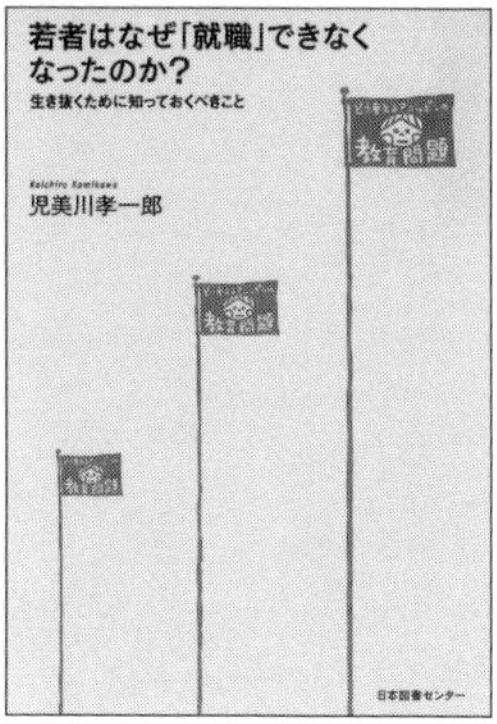

　この社会において、働くことは避けて通ることができず、誰もが当事者性を持っています。それは、現に働いているかどうかを問いません。病気や障害など何らかの事情があって働くことができない場合や働かないという選択をした場合であっても、そのことで劣っているとみられたり、逆にそうした価値観を内面化して自らに劣等感を抱いたりすることがあるからです。そのため、若者支援の現場においては、社会への視点を持ち、働くことをめぐる社会構造の変化を把握しているかどうかによって、目の前の若者に対する支援者の理解の仕方が異なってきます。また、一方で、支援者自身が非正規雇用や長時間労働などの問題に直面している場合には、頭で分かっていたとしても、若者に対して否定的な感情が生じることがあるかもしれません。
　しかし、働くことをめぐって個々人が置かれたこのようなバラバラの状況を、個人の資質や属性によるものとばかり考えず、その背景にある現代社会の諸問題をとらえ、変革を模索することこそが重要です。立場や表出の仕方が異なっていたとしても、共通する社会構造のもとで様々な困難が地続きになっている現在。その中で、分断をこえてつながり、人間らしい生き方や働き方を求めていくことや、オルタナティブな暮らしを創っていくこと。こうした、社会を問い返す主体になっていく実践が、いま、ますます求められています。

（島本優子）

濱口桂一郎 著
『若者と労働――「入社」の仕組みから解きほぐす』
［中公新書ラクレ・2013年］

2017年以降、「働き方改革」という言葉がしばしば見られるようになってきました。生産年齢人口の減少に伴う労働力不足への対応を主要な目的とした多様な働き方の実現、そしてそのための労働環境の改善、すなわち長時間労働の是正や、正規―非正規労働間の賃金格差の縮小などが謳われています。具体的な施策に対しては少なくない批判が提出されていますが、私たちの社会が長い間抱えてきた大きな課題に対して行政が実際に腰を上げたことそれ自体は重要な動きでしょう。

週49時間以上の長時間労働をおこなう人の割合は日本ではおよそ20％であり、平均して10％前後であるヨーロッパ諸国における割合を大きく上回っています。また、〝karoshi〟という言葉が英語の辞書に掲載されるなど、国際的に見て日本が働きすぎという特徴を持った国であることは間違いないでしょう。しかし一方で、1990年代以降、若者と労働の間には、身分や将来が保証されない周辺的な労働環境に置かれたり、あるいは労働市場そのものからはじき出されたりというまた別様の問題が生じていることも周知の事実です。働きすぎと働けなさが同時に問題化される私たちの社会はなぜこうもバランスを欠いたものとなってしまったのでしょうか。

こうした疑問に対し、本書は日本における雇用の仕組みを丁寧に解きほぐして、説得力のある解説を提供してくれます。本書の議論を一貫して支えているのは、欧米においては先に「仕事」があり、その仕事を遂行する能力を持った「人」を採用していく「ジョブ型（就職）」の雇用がおこなわれているのに対し、日本では初めに「人」を採用し、企業が「仕事」を割り振っていく「メンバーシップ型（入社）」という独自の雇用システムが採用されてきたというシンプルな整理です。濱口さんは、現在の若者と労働を巡るいびつな状況の原因は、メンバーシップ型社会に近年になって部分的に取り入れられたジョブ

型社会の論理にあると指摘しています。

本書では、まずメンバーシップ型社会がいかなるものであるのか、そしてそれはどのような社会構造によって長年維持されてきたのかが解説されます。続いて戦後一貫してうまく回ってきたはずのメンバーシップ型社会がなぜ、どのようなひずみを見せ始めたのかについて論じられます（なお、戦後日本社会の構造変容をより大きな流れに位置づけて理解するためには、本田由紀著『社会を結びなおす』〈☞本書60頁〉もその一助になるでしょう）。

とりわけ、かつてのメンバーシップ型社会においては社内で職業能力の育成がおこなわれており、それゆえ本質的に若者雇用政策は必要なかったという指摘は重要です。これらの指摘からは、1990年代以降若者が対峙してきた困難が日本社会にとって想定外の事態であったことに改めて気付かされます。また、特定の職業能力を前提にできないために、キャリア教育が空疎なものとなってしまうという指摘も、教育と職業が分断されている日本独自の困難を描き出しています。

社員を家族のごとく包摂してきた日本型経営システムはもはや過去のものとなりつつも、「メンバーシップ」を有するべしという規範は未だ広く共有されているように思われます。こうした所属への圧力が、それを持たない若者にとって次の一歩を踏み出すための大きな障害となっていることは想像に難くありません。私たちの社会における雇用と労働の複雑さといびつさを理解し、どのように組み替えていくのか、大きな実践の見取り図を描くために本書のような著作があるのだろうと思います。

「ジョブ型」「メンバーシップ型」という社会の類型化自体は特に目新しいものではありません。例えば1967年に出版された中根千枝の『タテ社会の人間関係』（講談社現代新書）においても「資格（属性）」の共通性によって構成される欧米型「ヨコ」社会と「場」の共有によって構成される日本型「タテ」社会という類似の整理が採用されています。注目すべきは、社会集団が「場」によって組織される日本型「タテ社会」においては集団を維持するために「われわれ」という意識が強調され、集団の「ウチ」と「ソト」がはっきりと差別化されているという指摘でしょう。今日目にするさまざまな分断もまた、日本的な社会構造にその原因の一端を見出すことができるのかもしれません。

（御旅屋達）

当事者としての家族

古賀正義・石川良子 編『ひきこもりと家族の社会学』

［世界思想社・2018年］

「ひきこもり」は、ひきこもっている本人だけに問題が生じている現象でしょうか？　確かに、本人が社会復帰さえすれば問題が解決したかに見えてしまうので、本人以外の家族（親であったり、きょうだいであったり、配偶者であったりと立場はさまざまですが）への社会的な関心が本人へのそれと比べて一段低くなってしまう点は否めません。しかし一方で「ひきこもり」支援においては、家族自身に対する支援の重要性が指摘されることも多くあります。私が親の会などでのフィールドワークで出会う家族も、多くの場合、本人に対してどう対応すべきか、あるいは本人はどのように社会復帰を目指すべきかといった具合に、ひきこもっている本人についての語り合いが多くを占めますが、一方で、本人ではなく家族自身が抱える生きづらさ自体を見つめなおし、語り合うことが奨励されたりします。本人が抱えるものではない、家族の成員それぞれが抱えている生きづらさについても、考えていく必要があるのではないでしょうか。

ところで、「ひきこもり」の個別の相談を支援機関などに持ち掛けるのは、本人自身よりも家族である場合が多いといわれています。編者の一人である古賀さんも述べているように、「家族が本人のひきこもり状態を認知して医療機関など外部社会に訴えることがない限り、世間の目に触れて問題視されることはない」（p.77）からです。まさしく家族が、ひきこもっている本人と外部社会との間をつなぎとめる役割を果たしているわけですが、むしろこの特徴的な立ち位置によって、「ひきこもりの家族」という、本人における問題でもなく、また社会における問題でもない、家族特有の問題を構築せしめているといえるわけです。もう一人の編者である石川さんが述べているように、「家族は単なる関与者なのではなく、かれら自身も『ひきこもり』に苦しむ当事者」（p.2）であり、「このような当事者としての家族の葛藤と苦悩」

（p.2）を掬い上げるために本書は編まれています。

そして、この「家族」を取り扱う際に本書で用いられているアプローチが、「社会学」という学問です。誤解を恐れずにいえば、社会学は、私たちの日常において常識とされている事柄に対して疑問を投げかけ、「そんなの当たり前じゃないか」と思い込んでいる私たちの固定観念を相対化させる働きを持つことがあります。世間一般に流通しているイメージがいかにしてつくりあげられているのか、科学的手続きにのっとった統計調査によってどのようなデータが得られるのか、実際の支援現場の様子や当事者の声はどのようなものなのか、このような関心にもとづいて素材を収集し、その素材を通して考えることによって、私たちの生きる日常で起きるさまざまな社会現象の「本質」に迫ろうとするのが社会学だということもできます。「家族」に関していえば、夫（父親）は家庭の外で働き賃金を得、妻（母親）は家庭内で家事や育児を担い、子どもは両親に愛情をもって育てられて自立していくという誰もが持っていそうな家族像は、決して普遍的なものではありません。それは社会の産業化とともに出現したものであり、またライフスタイルが多様化する現在、解体しつつあるものなのです。

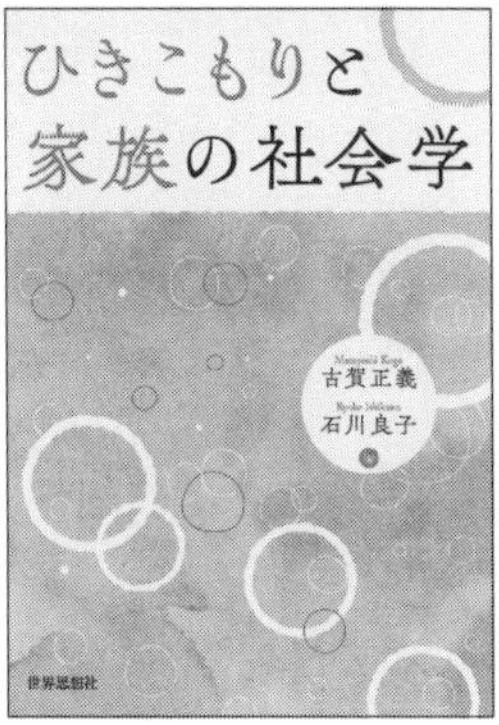

私たちに今必要なのは、「ひきこもり」の個別ケースへの支援にとどまらず、私たちが生きるこの社会の今後を見定め、設計しなおしていくことではないでしょうか。本書は、新聞や雑誌記事にあらわれた「ひきこもり」にかかわる言説の変遷の分析、「ひきこもり」に関する実態調査の検証や親の会の支援実践の考察、親や本人へのインタビュー（ヒアリング）調査に基づく論考など、バラエティに富んだテーマを取り扱っています。そしてそれらの論考に触れることを通じて読者は、「『ひきこもり』を抱える家族の苦悩や葛藤は、その家族だけを見ていても捉えきれるものではなく、また個々の家族の努力によってのみ解消できるものでもない」（p.4）という本書の基本的な主張に対する根拠を確認しながら、日本の生活保障制度における家族主義的な側面、すなわち家族の面倒は家族で見るべきという規範的概念とそれにもとづく制度設計に対する批判的視点を得ることができるでしょう。

（伊藤康貴）

若者の人権保障としての「住まい」の発見　わたしたちの生きる社会の仕組み6

［岩波ブックレット・2008年］

『若者たちに「住まい」を！——格差社会の住宅問題』

日本住宅会議 編

2008年のリーマンショック以降、ネットカフェ難民なども含めて、「住まい」の不安定な若者の状況が報告されるようになりました。しかし、「住まい」をめぐる議論は、いまひとつ広がっていないように見えます。

居住の場と若者の生活の状況はとても密接に関係しています。それは野宿者などの、今まさに家がない人に限られることではありません。たとえば、同居している家族から暴力を受けていたり、近隣の人の目を気にして日中の行動が制限されていたり。こうした場合には、今生活している場所から他の場所に生活の場を移すことにより、生活がしやすくなることがしばしばあります。

若者支援の現場で、「住まい」の問題が話題に上らない背景には、日本の制度・政策枠組みが関係していると私は考えています。日本には、若者が活用可能な公営住宅や長期の住宅手当が整備されておらず、「親元暮らし」か「自分で稼いで住居を持つ」かの二択しか基本的には選択肢がありません。そして、こうした条件は、若者の生活の可能性を大きく狭めているだけでなく、実践者の視点も狭めています。「家族の支え合い」が強調されがちな日本では、限られた居住確保の選択肢は、その限定の分だけ、家族に頼ること／家族が支えることを強いてしまいます。そして、家族に頼ることができない人や、頼りたくないと思っている人を苦しい立場に追いやってしまいます。だからこそ、若者とかかわる人びとが「住まい」の視点を持っておくことは、若者の生活をとらえる視点を広げるとともに、新たな支援の可能性を見えるようにもするのです。

「住まい」について考えるにあたり、お勧めしたいのがこのブックレットです。統計や事例から若者を取り巻く「住まい」の実態について知り、また、そうした実態を生じさせている、日本の住宅政策の実情を学ぶことができるからです。

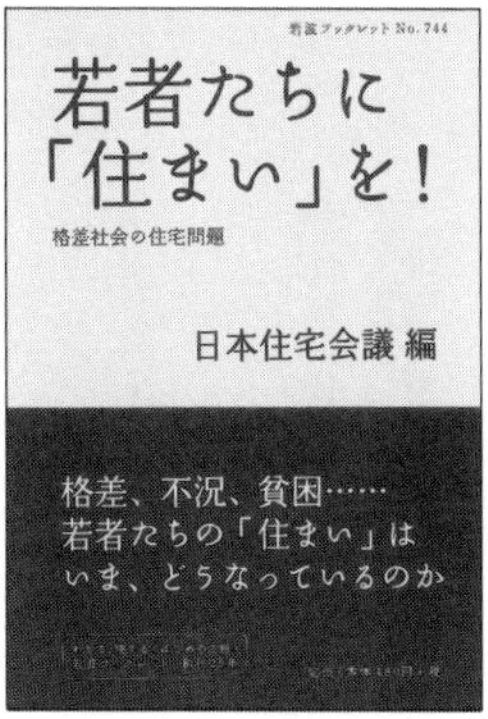

まず、日本における若者の「住まい」の実態について、第1章と第2章で描かれます。第1章では単身の若者はどれくらいの広さの家に住み、どれくらいの家賃を負担しているのか、といったことが数値から明らかにされます。また、日本の住宅政策が「いかに若者を想定していないか」についてもわかりやすく説明されています。

さらに、諸外国との比較がなされている第3章や第4章では、居住の場をめぐる日本固有の若者の不利が明らかにされます。家族を持たない若い単身者が、住宅に困窮した場合に公営住宅の入居資格が与えられるのか。具体的な住宅政策の中身を決める「住生活基本計画」のなかで、若者はどのように位置づけられているのか／いないのか。これらのことは、若者の生活状況に影響する大きな枠組みとして知っておくとよいでしょう。知れば知るほど、生活費に占める住宅費がこんなに高くて、公営住宅なども若者には開かれていないのに、なぜ日本で「住まい」をめぐる問題が注目されないのだろうと、不思議に思えてきます。

また、『若者の住宅問題』(https://bigissue.or.jp/2015/01/info 2015/）も参考になります。これは、首都圏と関西圏に住む、個人年収二百万円未満の若年未婚者を対象にした調査からまとめられたものです。さらに、若者に限定した議論ではありませんが、「住まい」の問題を考えるうえで、稲葉剛『ハウジングプア』（山吹書店、2009年）も良書です。稲葉さんは「貧困ゆえに居住権が侵害されやすい環境で起居せざるをえない状態」を「ハウジングプア」と呼び（p.14）、現代日本のハウジングプアの実態や政策課題などをわかりやすく論じています。

最後に、本書でも事例が紹介されている他者とシェアして住む「シェア居住」については、久保田裕之『他人と暮らす若者たち』（集英社、2009年）と合わせて読むとよいでしょう。家族成員が家族としての役割を果たし合い、対立を覆い隠している「幸福」な家族との生活を前提とする日本の現状を捉え返し、自立と自律の機会として他者との共同生活を捉える久保田さんの考察はとても示唆に富んでいます。自立／自律への志向性は議論が必要だと私は考えていますが、これまでの価値観も含めた縛りから離れる仕組みとして、「住まい」には興味深い要素が詰まっています。

（岡部　茜）

社会的排除に追い込む構造

岩田正美 著
『社会的排除――参加の欠如・不確かな帰属』
［有斐閣・2009年］

2000年代以降、若者支援ということでさまざまな政策が始められるようになりました。とりわけそれらの政策は「社会的排除」に対応するという文脈から語られることがあります。私は生活保護のケースワーカーをしていたこともあるので、生活保護の現場の文脈から、この本が提起する問いを探ってみようと思います。

社会的排除についての議論はさまざまありますが、本書では「社会的排除とは、たとえば失業、低いスキル、低所得、差別、みずぼらしい住宅、犯罪、不健康、そして家族崩壊などの複合的不利に苦しめられている人々や地域に生じている何かを手っ取り早く表現した言葉である」（p.21）とされています。つまりは、所得に限らず、さまざまな文脈で不利益を被っている状態を指して社会的排除としています。本書ではホームレス状態にある人びとが、その典型として描かれていますが、若者にかかわる部分では、ネットカフェを住居として利用したり、家族関係や経済状況が不安定な状態にある若者たちの様子が紹介されています。

憲法二五条に基づく生存権を保障する制度である生活保護法でさえ、働く能力のある人には生活保護を申請させないようにする運用慣行（いわゆる「水際作戦」）も見られます。仮に生活保護を受給できたとしても、若者は就労自立に着眼がなされやすく、一刻も早く正規雇用で働き、生活保護の受給を終えられるよう支援を目指す形になっています。この間非正規労働者は増加し、正規雇用に就くことが難しい人たちが増加しています。就労支援をおこなったとしても、不安定な労働にしか就くことができず、生活保護廃止の後にすぐに退職を余儀なくされてしまい、再度生活保護制度を申請するということも散見されます。つまり、支援を受けて労働市場に「包摂」されたと思いきや、すぐさま「排除」されてしまう構造が見え隠れしています。高齢者や障害者に限らず、若者

も不安定な日常を生きているということをまずは理解することが重要です。

　こうした社会的排除を巡る議論に欠かせないのは、「自立」という用語との関係性です。とりわけ生活保護の現場では自立という用語を数多くの場面で使用します。２００４年の厚生労働省「生活保護の在り方に関する専門委員会」では、自立については三要素あると指摘されました。①経済的自立、②社会生活自立、③日常生活自立です。この三つの自立の考え方はトライアングルになっており、どれが欠けたとしても「安定した生き方」はできないものと考えられています。実際、福祉事務所でも多様な自立に即した支援メニューが展開されていくことになります。自治体ごとの取り組みや、２０１５年の生活困窮者自立支援法の施行など、支援メニューは増えています。しかし、若者に限ってみるとどうしても経済的自立に目が向けられがちです。生活保護は「受給しないで生活するのが当たり前」という考え方に縛られていることもあり、働きながら保護を受けて生活することに対する風あたりも強く、早く脱していくべき状態だとされています。

　ここで『社会的排除』の著書に立ち戻ってみようと思います。岩田さんは「労働だけにこだわると、むしろ排除がそこから生み出される危険がある」（p.174）と述べています。本当にその人に今正規労働に就いてもらうための就労支援が大事なのでしょうか。就労による経済的自立だけを志向する支援では、結果として排除を生み出すことになりかねません。被保護者との間に軋轢を生み出します。生計の立て方など日常生活で足りないところはないか、そして社会生活を営んでいけるような基本のマナーは身に付いているのかなど、就労による経済的自立を志向する前におこなうことは多くあります。

　私は本書から、社会福祉は緩やかな包摂をもたらす一方で、排除をもたらす可能性があることを学びました。不安定な時代だからこそ、自立という意味を考える必要があると思います。

（青木尚人）

「使える制度がない」閉塞感の根源を掘り下げる

宮本太郎 編著『転げ落ちない社会―困窮と孤立をふせぐ制度戦略』［勁草書房・2017年］

「社会保障」や「生活保障」という言葉は、若者の支援に携わる人にとって正直なところ遠いものに聞こえるのではないでしょうか。若者の困窮や孤立を防ぐための「セーフティネット」は、私たちにとって残念ながら十分に身近な存在ではありません。

子どもの貧困はようやく注目されてきましたが、若者の貧困に関する具体的な政策や活動を思いつくのは難しいのが現状です。また孤立に関して、ひきこもる若者のための居場所や就労支援が知られていますが、現に家から出られない場合にはそこにたどり着くことも困難です。孤立していることによって、セーフティネットからも排除されてしまうのです。

また、助けを借りること自体が「恥ずかしい」という感覚が根強く残っています。「自分はまだ、制度を使うほど困っていないので申し訳ない」というように、支援を受けることに引け目を感じるという声を聞くこともあります。

このように「使える制度がない」「必要な人に届かない」、また「使ってよいと思えない」ということが、若者支援の閉塞感をもたらしているのではないでしょうか。近年「8050問題」と呼ばれるように、「共倒れ」寸前になるまで親子双方が孤立し、困窮してから相談窓口につながる例も注目されています。

では、これほど私たちと制度的支援との距離が遠いのはなぜでしょうか。教育社会学者の本田由紀さんは、従来の日本社会は「家族から学校、仕事へ」というように順番に人を送り出す仕組みで動いてきたと説明しています（『社会を結びなおす』☞本書60頁）。順調に人生を歩む人は、出身家族の教育に対する努力や、企業における年功序列制の助けを得て成長していきます。しかしこの仕組みの中では、いったん標準的な人生のレールから外れた場合の保障が限られてしまいます。

日本における生活保護や障害者福祉、高齢者福祉などの制度は、該当する人が狭く限定されています。このように制度を利用できるのは「例外」的な事情があるときに限られる仕組みを「選別主義」といいます。逆に対象を問わず保障する制度が「普遍主義」です。

では、これからはどのような仕組みが求められているのかを提案するのが本書です。安定していた日本型雇用も1990年代以降は揺らぎ、「普通の人」の暮らしも所得の減少などに見舞われています。企業活動によって富が分配されるだけでなく、社会保障制度によって幅広い人に「再分配」されなくてはいけません。

重要なのはそれによって多くの人の「受益感」が高まり、税金を納めることへの納得感が確立されることです。日本の場合、減税が国の財政悪化を引き起こし、社会保障の絞り込みにつながっています。その結果、必ずしも他の国より重税ではないにもかかわらず、税金を納めることへの負担感が強い社会となっていると指摘されています（第5章）。

このように「セーフティネット」が広がらない社会の原理にさかのぼって分析する本書は決して読みやすい本ではありません。しかし私たちを取り巻く閉塞感の根源を理解するために「新しい普遍主義」の概念を知っておいて損はないでしょう。居住（第2章）、就労支援（第4章）、奨学金（第7章）、高齢期の貧困（第9章）など、関心のある章から読み始めるのも一案です。いずれも社会保障や福祉の研究者・実務家が、標準と逸脱の間の「第三の場」を拡大するためにデータや政策と格闘しています。

居住（第2章）を例に考えましょう。日本では「住宅すごろく」というように、年功序列制の中で昇給し、やがて自分の家を手に入れる人生モデルが共有されてきました。一方、困窮している人は施設暮らしを余儀なくされます。ここで「第三の場」として、普通の暮らしをしながら住宅の保障を受けるような仕組みが必要ではないでしょうか。若者支援でいえば、親子間の暴力によって家族の誰かが避難する場合や、家を離れて就労支援を受けるため当面の住まいが必要となる場合、両親に先立たれた若者が一人暮らしするための家に住み替える場合などです。「家庭内暴力」「自立支援」「親亡き後の不安」、こうした課題を「セーフティネットの確保」という視点でも考えていくことが求められています。（川北　稔）

学校の内と外とをつなぐ視点

『排除する社会・排除に抗する学校』

西田芳正 著

［大阪大学出版会・2012年］

長らく学校は、若者の社会的困難にむきあい彼ら彼女らの育ちを支えてきた諸団体・機関にとって閉鎖的な場でした。「子供の貧困対策に関する大綱」（2014年）において、学校は貧困家庭の子どもやその家族を早期に発見し必要な支援につなぐ「プラットフォーム」に位置づけられました。このような国の動きを背景に諸団体・機関は、若者のウェルビーイングを保障するための重要な地域資源である学校との連携・協働をはかる契機を得ました。学校もまた複雑化多様化した教育課題を解決するために、他の専門職との連携・協働による実践を模索しています。

若者が抱える困難の一つに高校中退があります。どの若者にも中途退学するリスクはあります。とはいえ高校中退に関する調査研究では、受験偏差値の下位校にリスクが集中していることや、こうした高校の中退者の多くが社会的に不利な家庭出身者であることが明らかになっています（青砥恭『ドキュメント高校中退』ちくま新書、2009年など）。私が調査で出会ってきた若者のなかには、家計を支えるために働きながら学ぼうと定時制高校に進学したものの、時間的・身体的に辛くなり中退した者がいます。また中退後に高卒資格を取得するための手続きを誰にも相談できずにいた若者もいました。さまざまな制約のもとで将来の見通しが狭められてしまう若者を、在学中から早期に支援する体制が求められています。

学校の内と外とをつなぐ多職種連携・協働の実践のあり方を考えていくために、ここでは西田芳正さんの『排除する社会・排除に抗する学校』を紹介します。この本を勧める主な理由は二つあります。

一つは、〈青年から大人へ〉〈学校から仕事へ〉という青年期の移行を考えるうえで、「地域を生きる」という視点の重要性に気づかせてくれるからです。不利な若者のなかには、「貧困、非行、家族関係の不安定さ、疾病といった深刻な問題状況を経験する人々」（p.40）が集住する社会的排除のリスクが高い地域で暮らす者が少なくありません。西田さんは、このような地域の同質的で閉鎖的な関係性のもとで暮らしていくことで、若者が親を含むその地域の大人の生き方を自然と受け入れていく様子を丁寧に描いています。そうした移行がもたらす生活困難な状況を食い止めるためには、地域を生きる若者の実情を理解すること、学校で学び続けることの有用性とそのための有益な情報（身近にはないモデルの提示を含む）を提供すること、そして「排除されがちな若者たちが集団活動、余暇活動を行うことが可能な場と、それを促す専門スタッフ」（p.112）の存在が地域に必要であることを論じています。

もう一つは、「不利な状況に置かれた子どもたちが排除される場として学校を捉え、特に排除に関わる主体として教師の存在に注目」（p.181）している点です。西田さんは、国内外の先行研究や彼自身がおこなった児童養護施設を対象にした調査をもとに、社会の平等化を促すことを期待された学校教育がそれとは逆に不平等を再生産する機能を果たしている点や、教師が貧困・不安定な環境に身を置かざるをえない子どもたちを差別・排除する実態を明らかにしています。そのうえで「排除する学校・教師」から「排除に抗する学校・教師」へと転換を遂げた学校の取り組みを紹介し、これからの学校が担うべき役割について論じています。全国には、他の専門職や地域と連携・協働しながら排除を食い止め、生徒が主人公となる開かれた学校づくりを目指す学校が増えています。

諸団体・機関と学校が連携・協働して若者を支援するためには、地域を生きる若者のありのままの姿をきちんととらえる視点をもち、そのうえでその支援の実践が目指す望ましさが、若者を学校内外の場から排除する危うさをはらんでいないか、実践から距離を置いて常にチェックすることの大切さに気づかせてくれる一冊です。

最後に関連する本として、浦和商業高校定時制四者協議会編『この学校がオレを変えた』（ふきのとう書房、2004年）を紹介します。非行や不登校を理由に学校から排除されてきた若者たちが、自治的な活動によって多様な他者と信頼関係を築き、学びの主体として成長していく学校づくりが描かれています。お薦めします。（西村貴之）

池谷壽夫・市川孝夫・加野泉 編『男性問題から見る現代日本社会』

［はるか書房・２０１６年］

世界経済フォーラムによって世界各国の経済・教育・保健・政治の4分野14項目から算出された２０１８年の「ジェンダーギャップ指数」の評価では、日本は世界１４９か国中で１１０位でした（男女格差が少ないほうが上位）。その内実は、国会議員や閣僚などの「政治参画」、労働力や勤労所得、管理職等の「経済参画」、高等教育の在学率などで、女性の比率が低いことが課題としてあげられています。この日本の状況は２００６年の調査開始以来、大きな改善を見せていません。これらは女性の能力ややる気が、男性よりも劣っているということでしょうか。

一方で、大学でジェンダー論の授業をおこなうと、毎年複数の男性から次のような反応があります。「最近は逆に男性が差別されている」「女性専用車両など女性ばかりが優遇されていて、痴漢の冤罪を受ける男性の方が大変だ」「モテない男性はどうしたらいいのか」といったものです。また、２０１８年に国会と地方議会の選挙で候補者の男女比をできる限り「均等」にするよう政党に求める「政治分野における男女共同参画推進法」（候補者男女均等法）が成立したことについて話すと、「能力で考えるべきだ」とか「これは男性差別だ」といった反応が、男性からだけではなく、少数の女性からも出てきました。

本書は、こういった言葉や思いが男性から（もちろん女性からも）出てくる、その根源にある問題の構造を明らかにし、男性が（女性と共に）その問題を解決することに資するものとして編まれています。それを男性個人の意識の問題に帰するのではなく、社会の構造から問うていくものとなっています。

本書が『男性問題から見る現代日本社会』と題して男子・男性を取り上げる理由として、「男子・男性も、不平等の現実を自分自身がこうむっている『不平等の問題』

として受けとめ、女子・女性とともにこの是正を自らの『内的なニーズ』にまで高めることが必要」（p.5）ということと、男性を「問題を〝起こす〟存在としてだけ見るのではなく、同時に問題を〝抱える〟存在としても見るという視点の転換が必要」（p.6）という2点をあげています。

男性が〝起こし〟〝抱える〟問題の表出の具体的な場面として、本書では以下の六つが取り扱われています。第一に、学校でのいじめや職場のパワハラ、育児、夫婦関係、DVなどが持ち込まれる家族相談の場、第二に「男らしさ」とカーストが交差する学校、第三に性的自立とその学びの場、第四に不登校やひきこもり、第五に夫と父親としての場、第六に労働の場です。それぞれに具体的な事例も描かれているので、自分自身の経験と重ねやすく、日々起こっているさまざまな出来事や、心にあったモヤモヤが、ジェンダー問題だったんだといった気づきが可能となります。

さらに、重要なことは、こういった問題の原因を、男性である（もしくは女性である）自分自身の価値観や気持ちのもちよう、もしくは個人の努力にみること、つまり原因の個人化自体を問題視している点です。男性の内部を分断してきた労働市場の構造や、家族をめぐる社会保障の構造、教育や貧困をめぐる福祉の構造、それらを支えるヘテロノーマティヴな価値観（生物学的な性別に沿って男性を優位に、女性を劣位に置いたまま、その二項をカップリングさせ（異性愛）、その間で子どもをもつことが「正しきセクシュアリティ」とすること）を分析の対象とします。

そうすることによって、社会の多くの場面で優位な立場に位置づけられつつも、そのこと自体に気づくことなく、同時に生きることにおいて重要なものを失ってもきた男性が、この問題の主体であると確認することができます。

近年の「男女平等」政策等に疑問を持っている男性、また、男性としての生き方に困難さを感じている男性をはじめ、あらゆる人に手にとってもらいたい一冊です。その他、多賀太『男らしさの社会学』（世界思想社、2006年）、ジェームズ・ギリガン『男が暴力をふるうのはなぜか』（大月書店、2011年）も読みながら、男性同士で「男性」について語り合ってみませんか。

（渡辺大輔）

中西新太郎・蓑輪明子 編著
『キーワードで読む現代日本社会』

わたしたちの生きる社会の仕組み11
［旬報社・2012年］

本書の冒頭では、こんな疑問が投げかけられます。

「当たり前と思える身のまわりのできごとでも、よく考えるとわからない問題がたくさんあるのではないでしょうか。（略）いちいち考え出したらめんどうだからそんな厄介な疑問は持たないようにする、と言う人もいるでしょう。それですめばよいのですが、怖いのは、何でもわかった気になって、「これを確かめなくては」という疑問を発見できなくなってしまうことです」（pp.9-10）

こうして、日常のさまざまな事柄について疑問をもたず、それを「当たり前」のものとして受け入れてしまっていることが、実は私たちの身の回りにはたくさんあります。ときには、知らぬ間に「色眼鏡」をかけさせられていることもあるでしょう。たとえば、「原発は絶対安全」という説明は、今では間違っていたとわかりますが、多くの人がそれに気づいたのは福島原発の大事故からでした。「本当に安全なの？」「必要なの？」という疑問を発見しぶつけながら、必要な情報を知っていくこと、知らせるよう要求していくことが必要だということです。

本書は、知らず知らずのうちにかけさせられているかもしれない「色眼鏡」に惑わされることなく、私たちの生きている世界や現実をリアルに正確にとらえ知るための足がかりを提供しています。内容としては、「労働」「大人になる」「資本主義」「福祉国家」「家族」「ナショナリズム」など、多岐にわたる11のキーワードが取り上げられ、それぞれわかりやすく説明されています。

みなさんのなかには、「労働」や「貧困」などで説明されている内容には心当たりがある人も多いかもしれません。このブックガイドでもそれらに関連する著書は多く取り上げられています。一方、「資本主義」「福祉国家」「新自由主義」などはどうでしょうか。それらが私たちの労働や生活になんとなく関係していることを感じている人たちでも、それぞれがいったいどのようなものであり、具体的にはどのように私たちの生活に浸透し影響しているのか、説明することは案外難しいのではないでしょうか。本書の秀逸な点は、こうしたキーワードがとてもコンパクトにまとめられており、手軽にそれらに接近できることにあります。こうした概念を、現代日本社会のありようをとらえる「道具」とすることで、どのような問題がなぜ起きているのか、よりクリアに認識できるようになるのです。

たとえば、若者支援の現場にいると、若者の過酷な労働実態や貧困の現実に直面することがあります。こうした問題がなぜ起こっているのか、あるいは深刻化しているのか、その背景を考えたことはありますか。

「資本主義」の項目では、次のような説明があります。資本主義とは、利潤を追求する資本の運動を中心とする社会のことですが、利潤は労働者を搾取する（労働者が生み出した富を奪う）ことで増えていきます。たとえば、仕事量を増やす、賃金を削減する、といったことで利潤は増えます。利潤追求を目的とする資本主義体制においては、一方では利潤が増大し富が蓄積され、その他方では搾取や貧困が蓄積されていくのです。だからこそ、社会のさまざまな分野における資本の自由な利潤追求活動への規制をおこなうことが必要である、これが資本主義生産のメカニズムを学ぶことで導き出される結論だと述べられています。こうした説明を踏まえれば、目の前の若者の労働や貧困にかかわる問題が、個人の問題ではなく、社会構造や社会的な規制のあり方にかかわる問題としてまた異なった見え方で立ち現われてくるのではないでしょうか。

以上のように、本書では、世間に流布する「色眼鏡」に惑わされたり、自分勝手な思い込みでわかったつもりになったり、あるいは何の疑問も抱かずに当然視したりするのではなく、わたしたちの身のまわりのものごとを的確に表す言葉や概念、統計や図表、過去のデータといった現実をつかむ「道具」を提供してくれています。ふとしたことに疑問をもち、立ち止まり、知ろうとし、考えてみる。そうした機会は、目の前の若者や実践に焦点化するだけではなく、よりひろい視野で目の前の事象をとらえることを可能にするでしょう。

（原　未来）

［講談社・2000年］

森真一 著

『自己コントロールの檻―感情マネジメント社会の現実』

本書は「心理主義化」についての社会学の学術書です。「心理主義化」とは、簡単にいうならば「心理学的」な知識や技法が人びとの間に浸透し、さまざまな問題を捉える際に人の「心」が重視される傾向のことを指します。と、このような書き出しでは本書を手に取る気が起きないかもしれません。それでも本書を取り上げるのは、私たちが現代社会で生きていくうえで直面する問題を、本書の議論が明確に描き出していると思われるからです。

本書では、心理学の専門家ではない私たち「素人」が接触することのできる「ポップ心理学」が日常に浸透することの意味やその帰結が検討されます。ポップ心理学によって私たちは自身の悩みを相対化できるようになり、生きづらさから解放されるはずでした。ところがこうした心をコントロールする技法の流行は、自己の心を管理できてこそ一人前であるというように、いつの間にかそれ自体が目的化し、私たちを支配するようになってきた、というのが、著者・森さんの見立てです。

本書では複数のアプローチからこの「心理主義化」とその帰結についての議論が展開されていますが、ここでは一例として「困った人」についての議論を参照してみたいと思います。ここでいう「困った人」とは、現代社会に共有されている「人格崇拝（相手の人格を傷つけない）」と「合理化」というルールに従えない人を指しています。森さんが分析の対象としている、心理学的技法を用いた「困った人」対策マニュアル本においては「『困った人』への対処法を伝授」するだけではなく、「『困った人』にならないよう自己コントロールする方法を教える」こともその目的とされているといいます（p.80）。つまり、私たちは「正常」であり続けるよう、感情コントロールを強いられ続ける存在として現代社会を生きているということです。「困った人」とそうでない人の間には、実はほんの少しの違いしかありません。私たちは常に高度な

自己コントロールをし続けているがゆえに、そうした微妙な差異を敏感に感じ取るようになり、かえって排除的な振る舞いがなされたり、不安にかられたりしているのではないか、と森さんは指摘します。

　本書が出版された2000年は、ちょうど就職氷河期の真っ只中にあたります。若者の労働問題が世間に認識されて後、2010年頃に至るまで、若者と労働の問題に対して若者個人の労働意欲の問題、すなわち自己コントロールの失敗であるという認識が主流であったことを覚えている人は少なくないでしょう。社会生活を営むなかで難しさや行き詰まりを感じるとき、個人の中に原因を見出すのか、それとも個人の外にある社会環境に原因を見出すのか、若者の生きづらさをめぐる議論はしばしばこの二項対立に回収されてきました。

　こうした論調にはさすがに隔世の感があります。現在では若者の置かれた状況に対する理解や、困難に直面している個人の内面に本質的な原因があるわけではないことに対する理解は広まりつつあります。しかし、それでもなお、キャリア教育や若者支援においては、本人に自己のコントロールを促すやり方によって問題の改善を図らざるを得ないことも少なくないようです。社会でうまくやっていくためには自己のコントロールが必要であるという前提が、今もなお共有されていることを示しているように思えます。

　近年では、若者にまつわる問題が「発達障害」や「精神疾患」などの医療的な言葉によって理解・説明されるようになってきたこと（医療化）も確認できます。この流れもまた、理解や回復の困難さを個人の心身に求めるという意味では、心理主義化と同じ流れにあるといえるでしょう。

　本書でも指摘されるように、この社会が「人格崇拝」と「合理化」という規範から自由になることは難しいかもしれません。ただ、本書をきっかけに、自身もまたコントロールを強いられている存在であるということ、そしてそのことによって維持されているこの社会のありようを意識することはできると思います。

　なお、支援と心理主義化の関係について考えたい方には、『〈支援〉の社会学』（☞本書136頁）第7章も重ねて読んでみることをおすすめします。

（御旅屋達）

第4章

もう一つの社会はどこにある？

今の社会のあり方はなんだか息がつまる。けどみんな大変なのだからわがままを言うのもはばかられる。日々の生活を営む中で、「どうせ何も変わらない」「みんなこんなもんだ」という無力感を感じることもあります。

本章で取り上げる著作が訴えるのは、そういう無力感やあきらめに対する、「私たちはこのような社会で生きていきたいのだ」という理想や野望です。ここで目指されている「社会」は、今すぐに実現するものではないかもしれません。また、本当にみんなにとって「よい社会」なのかどうかもわかりません。そんな理想論を掲げたところで無意味だろうという声が聞こえてきそうです。しかし、そうしたまなざしこそが、私たちの社会の閉塞感を高めてきたのかもしれません。これらの野望たちを材料として、もう一つの社会の可能性を考え、語り合ってみてはいかがでしょうか。

自己責任論はなぜまちがっているのか

吉崎祥司　著

『「自己責任論」をのりこえる――連帯と「社会的責任」の哲学』

［学習の友社・2014年］

自己責任という言葉は、いまや私たちの社会に溢れています。低賃金、非正規労働、貧困など、各人に降りかかるさまざまな困難を私たちが社会・政治の問題として考えようとするとき、それはあくまで個人でどうにかすべき問題、すなわち「自己責任」の問題であるという反論がいつも加えられます。「あなたの苦境はあなたの行動の結果なのだから、あなた個人がその責任を負うべきだ」、「自分で責任をとるべき問題を国や社会に取らせようとするのは無責任である」。こうした一連の自己責任論はこの20年あまりのあいだに日本社会に急速にひろまりました。

私たちの多くは、「全てが自己責任とまでは言えない」ということを経験的に知っています。病気の際に健康保険証を使うなという人も、子どもの貧困は子どもが悪いという人も決して多数派ではないでしょう。しかしそれでも自己責任の論理はこの社会に深く根付いています。「子どもの貧困は子どもの責任ではないだろう。しかし大人が貧困状態なのはやはり本人の責任が大きいのではないか」、「いまある公的制度は各自活用すればいい。しかしそれ以上の支援を国や社会に求めるのは責任の放棄である」。全てが自己責任とまでは言えないが、しかし多くのことは自己責任である。こうした理屈によって、自己責任論は常にその領域を確保・拡大していきます。

自己責任の論理をしっかりと批判することは容易ではありません。哲学者である吉崎さんの『「自己責任論」をのりこえる』は、現代社会に溢れるこうした自己責任論の思想を整理し、それを乗り越えるための考え方のヒントを与えてくれます。

本書の特長をいくつか紹介しましょう。第一に本書は、自己責任論の内容を詳細に整理し、その特徴と問題点を指摘しています。本書で特に強調されるのは、自己責任論がこの間の「新自由主義」の下でつくられた新しい考え方であり、決していつの時代にもあった普遍的な常識ではないということです。自己責任論を、ある時代のある勢力による特定の思想としてみるという視点です。そしてこのようにみることで、本書は自己責任論が前提にしている人間像、「自立」イメージの特殊性を明らかにしていきます。

第二に、自己責任論を乗り越える考え方（思想）を紹介しています。社会保障のためには財源が必要だが、自らの努力によって富を得ている高額所得者に高い税金をかけるのは不当なことではないのか。自分のことは自分で決めていいという価値観を私たちが支持するなら、自らの決断の結果に責任を負うべきとする自己責任論も認めるべきなのではないか。なぜ私たちは自己責任論の考え方に説得力を感じるのか。こうした疑問に本書は迫っていきます。

第三に、本書では自己責任論を乗り越えるための課題をさまざまな実践と新たな制度の構想の両面から検討しています。本書でも論じられているように、人びとが自己責任論とは異なる価値観を育んでいくための身近で具体的な実践は、自己責任論を乗り越えるための重要な第一歩です。しかし他方で、自己責任論を乗り越えるためにはより広いレベルでの社会文化と制度の形成、その基礎となる思想の社会的共有も同時に課題であるというのが本書の立場です。しばしば私たちは既存の制度の枠内で問題を解決するしかないと考えがちです。しかし、既存の制度がそもそも自己責任論的価値観を前提につくられてしまっており、それが国家的なレベルで推し進められている以上、自己責任論を根本的に乗り越える取り組みは既存の制度や社会文化自体の再検討を含まざるをえません。身近な実践から制度のあり方までを扱っている点が、本書の重要な特長といっていいでしょう。またこうした視点に基づき本書でなされているヨーロッパ福祉国家と日本の比較は、今とは異なる制度が実現可能であることを教えてくれます。

やや難しい用語もあり、多くの論点を詰め込んでいるがゆえの読みにくさもありますが、日々の実践から国の制度のあり方にいたるまで、自己責任論を乗り越えるための多くのヒントを学ぶことができる一冊です。

（後藤悠一）

小谷敏　著

『怠ける権利！——過労死寸前の日本社会を救う10章』

［高文研・2018年］

フランスの社会主義者であるポール・ラファルグは、1880年の論稿において「怠ける権利」を説きました（『怠ける権利』田淵晋也訳、平凡社、2008年）。労働者たちが労働に「愛」や「情熱」を示し、働く権利を要求することを、ラファルグは厳しく批判したのです。「一日三時間しか働かず、残りの昼夜は旨いものを食べ、怠けて暮らすように努めねばならない」と、彼は述べています。

また、イギリスの哲学者であるバートランド・ラッセルは、1932年に発表した「怠惰への讃歌」のなかで、「仕事はよいものだという信念が、恐ろしく多くの害をひきおこしている」と主張しました（『怠惰への讃歌』平凡社、2009年）。彼は、「一日四時間の労働で、生活の必需品と生活を快適にするものを得るには十分」だと論じています。

現代文化論を専門とする小谷さんは、本書において、ラファルグやラッセルの議論を紹介したうえで、「過労死大国ニッポン」の現状に触れ、「過労死の悲劇はなぜ繰りかえされるのか」と問いかけます。

本書では、悲劇が繰り返されることになった経緯をたどるように、戦後日本の労働をめぐる歴史的な経過がまとめられています。キーワードになっているのは、高度経済成長期の「サラリーマン」、1990年代前半に生まれた言葉である「社畜」、1990年代半ばから進行した規制緩和や構造改革のもとでの「棄民」、などです。歴史の概観に関わって、「自発的隷従」「生活世界の植民地化」「メンバーシップ型雇用」といった多くの概念、「国鉄民営化」「オタク文化」「イラク人質事件」といった幅広い事がらが扱われていることは、本書の特長だといえるでしょう。

もっとも、「一九五〇年代を生きたこの国の人たちは、貧しいながらも様々なコミュニティに包み込まれ、活き活きと暮らしていました」という単純化された記述や、

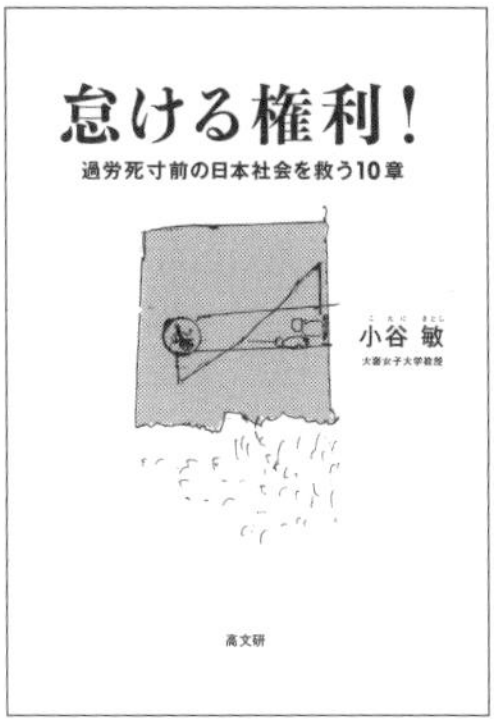

「大型店の出店規制に守られて呑気に暮らしていた地方の商店街」といった表現、「食べる物や着る服、そして住む家に事欠く『絶対的貧困』は、高度経済成長期以降のこの国からは、姿を消しています」という認識など、疑問を感じるところは散見されます。しかし、書かれていることを鵜呑みにしない批判精神さえ失わなければ、本書は考える素材を豊富に与えてくれます。

　疑問をもつことが大切なのだと思います。「働かない人はだめ」「仕事をしてこそ一人前」――そんな意識に自分たち自身が縛られてはいないでしょうか。働くことに大きな価値を置く考え方が、働く若者を追いつめ、思うように働けない若者を苦しめてはいないでしょうか。

　小谷さんは、過労死がなくならないことについて、「社会構造の問題」を指摘しながらも、「日本人の労働観の根深い歪みが、その大きな要因となっている」と述べています。そうした理解の当否にも議論の余地がありますが、私たちがもっている「労働観」を問い直してみることは重要だと思います。

　勤勉に働くことは本当にすばらしいことなのでしょうか？　自己実現は仕事のなかでこそなされるものなのでしょうか？　「怠ける」のは問題なのでしょうか？　本書を読むことで、私たちを取り巻く価値観や、私たち自身の価値観を見直してみることができるはずです。

「無理して働かなくてもよいのでは？」と考えさせてくれる本としては、トム・ホジキンソン『これでいいのだ怠けの哲学』（小川敏子訳、ヴィレッジブックス、２００６年）、トム・ルッツ『働かない』（小澤英実・篠儀直子訳、青土社、２００６年）なども魅力的です。

（丸山啓史）

［太田出版・2011年］

勝山実　著
『安心ひきこもりライフ』

読み手の価値観やものの見方が試される本だと思います。多くの関係者が悩む深刻な問題と、「ひきこもり名人」を自称する勝山さんがユーモラスに描く世界とのギャップ。「少しおふざけが過ぎる」と感じる読者もいるかもしれません。しかし、後述するように彼のユーモアや主張についていけなさを感じて本書を敬遠してしまうと、ひきこもり経験の理解から遠ざかることになると思います。

まずは、本書全体の構成をざっと見ておきましょう。

第1章は「基礎編　目指すは安心ひきこもりライフ」。ここではひきこもり初心者・入門者のための心得が説かれます。第2章は「中級編　目指すは『安心ひきこもりライフ』ひきこもり中堅」。ここでは、「ちょっとアルバイトが続いた」「彼氏・彼女が出来た」と増長しない、など経験を積んだ中級者への心得が説かれます。次に、「就労支援は違うのです」では、多くのひきこもり中級者が行方不明になるという「就労山登山」批判と、勝山さんの考えるひきこもり支援論が開陳されます。

「働くこと」のハードルが引き上げられ、ハードルを越えることの「出来なさ」を社会が切り捨て続けるかぎり、「働けない」人は増え続ける一方です。「働けなさ」が認められ、その人のありようが肯定されるコミュニティと、「働けなさ」をただ切り捨てるのではない就労のチャンス、その両者が必要なのだと思います。

そのためには、働く場をつくることとやすでにある働く場（企業）に働きかけることも不可欠だと思います。勝山さんはこの発想を「半人前公務員」という言葉で提案しています。「一人前に鍛え上げるという妄執を捨てることから始めるべきです。半人前が働ける会社、半人前でもできる仕事、半人前公務員、こういうものを作り出していかないことには、ひきこもりに出口はありません」（p.91）。当事者の立場からの筋の通った提案に思わ

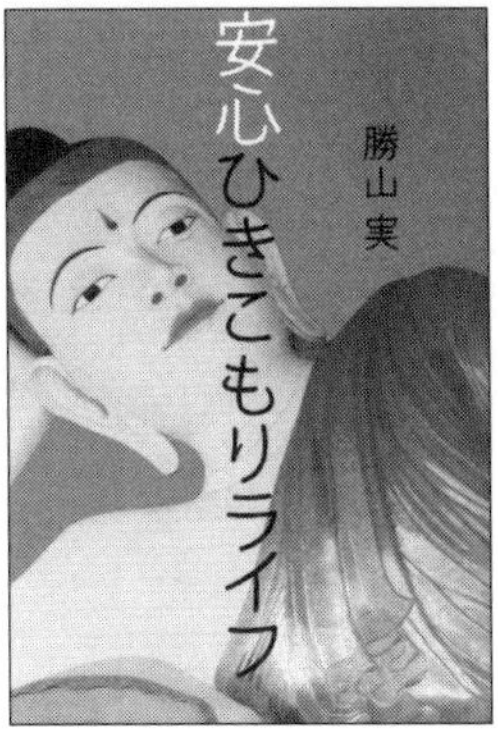

れます。

第3章は、「歴史篇　転換期に立つひきこもり」です。1990年代前半の「ひきこもり紀元前」以降のひきこもりの歴史を振り返り、勝山さんはつぎのように締めくくります。「現在はひきこもりの転換期と言えましょう。ひきこもり支援は、社会復帰への手っ取り早い近道のつもりで、就労支援をおこないましたが、目的は果たせませんでした。これからは、ひきこもりが普通の人の何倍もの我慢と忍耐で、社会復帰を目指すのではなく、ひきこもり本人が、自分にとっての幸せ、生き方を模索し、ひきこもり生活の質、そのものを高めていくものにしなければなりません」(p.115)。「ひきこもり生活の質を高める」という視点と当事者による当事者のための活動。これこそ、当事者・経験者が提唱する、ひきこもり支援の新しいコンセプトです。ひきこもり経験者たちが、「自分らしい生き方」や「多様な生き方」を求めて声を上げています。ＫＨＪ全国ひきこもりの家族会連合会も、発足当初は「強迫性障害・被害妄想・人格障害」の頭文字としていたＫＨＪを「家族・ひきこもり・ジャパン」と読み直し、当事者の思いに寄り添う、多様な生き方を認める社会をつくろうと訴えるようになっています。

第4章は「上級編　ひきこもりさらなる飛翔へ」。ひきこもり経験を資産として運用すること、障害年金の受給方法について当事者の立場から丁寧に解説されています。第5章は「涅槃編」。「働きたくない」とは何か、働くことの原点とは何か、ひきこもりの自立とは何か。深遠なテーマをめぐる自問自答が展開されます。

本書は、「豊かにひきこもるとはどういうことなのか」を理解する糸口を与えてくれます。支援者には、「自分が疑問やひっかかりを感じた表現こそが、もしかしたら当事者・経験者の思いなのではないか」「当事者・経験者はどのような経験を経て、そのような(自分とは異なる)見解をもつに至ったのか」と、自分自身の価値観や経験を問いかけながら読んでもらえたらと思います。

勝山さんが29歳の時に出版した『ひきこもりカレンダー』(文春ネスコ、2001年)には、親との生々しい確執やひきこもったまま生きていくという彼の決意が、やはりユーモアたっぷりに描かれています。こちらもおすすめします。

(関水徹平)

杉田俊介 著

『非モテの品格―男にとって「弱さ」とは何か』

［集英社新書・２０１６年］

　もし、支援者が当事者よりも強くなければいけないのだとしたら、それはなぜでしょうか。そうした問いを立てるとき、この本が参考になるかもしれません。本書は、批評家の杉田俊介さんが「なぜ男性は強くなければいけないのか」ということについて書いたものです。言い換えれば、男性は強くなければならないと男性自身が思い込むことによって、起きている問題について書かれています。それは、男性が自分自身の弱さと向き合うことを困難にしてしまっているということですが、強さは一度引き受けてしまうとそれをなかったことにはできない、ということでもあります。例えば、学校に通い、卒業を一度経験すると、その人は不登校を経験することができません。たとえその人が学校生活のなかでなにかしらのつらい経験をし、一度は学校に行かないという選択肢を考えていたとしても。支援者も、目の前の当事者に寄り添えるだけの弱さがあるはずなのに、それを素直に出せないのは、そうした呪縛をもった強さを引き受けてしまったからなのかもしれません。支援者が、支援者自身の弱さを忘れてしまう前に、この本を読んでみてはいかがでしょうか。

　著者の杉田さんはこの本のなかで、非モテも「異性からの性的承認を過剰に求め、『なぜ自分はモテないのか』という悩みを過度にこじらせた状態」（p.84）とし、かつ、「自分たちの男性的な欲望や身体を少しずつ変えていく」ためのものとしても提言しています。そしてそのために「自己肯定」という言葉の代わりに「自己尊重」という言葉を使うべきだと主張し、次のように述べています。

「自己尊重の勇気とは、（略）自分の弱さやダメさを鏡に映して、恐れながら、おびえながらも、自分の姿を真っ直ぐに見つめることができる。そしてそこから一歩一歩、さらに先の生き方を目指すことができる。自分の中の暴力性を制御したり、別の生産的な生き方へと変えていったりすることができる。そうした弱々しく、優柔不断ながらも、いじましい勇気であり、いわば弱虫の勇気なのではないか」(p.132)。

杉田さんの言葉を言い換えると、弱さを克服するのが「自己肯定」ならば、自分自身の弱さを受け止めるのが「自己尊重」である、ということになります。そしてこの本に一貫する主張は、自分自身の弱さを受け止めることの大切さと困難さについてです。

なぜわたしたちは自分自身の弱さと向き合うことが困難に感じられるのでしょうか。この本の第1章と第2章では、男性が持つ弱さというものをテーマにそうした問いが立てられます。杉田さんによると、世のなかの男性は「男は強くなければならない」という価値観を無自覚に、無反省に身につけています。それは、生きていくなかで厳しい競争を勝ち抜いてきた強い男性だけではありません。重要なのは、強くあることができなかった男性ほど、この「男は強くなければならない」という価値観に対して無反省であり、それゆえ自分の弱さと向き合えていない、ということなのです。このことについて、杉田さんは次のように述べています。

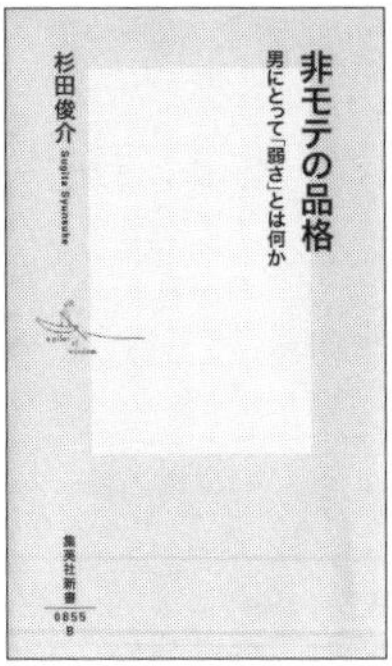

「たとえば、ある男性が、非常に穏やかに優しく、男女平等を主張し、男女の共同参画に賛同し、さらには日頃から、男性の既得権や性暴力の問題を自己批判し、世の男性たちに向けて『男性中心的な社会を変えよう』『自分の中の男らしさの呪縛をもっと見つめよう』云々と呼びかけているとする。その姿は、真摯で誠実なものにみえる。しかし、厄介なのは、その見かけは良心的な振る舞いが、実は、無意識の疾しさを隠しているかもしれないということだ」(pp.112-113)

目の前の当事者に向ける励ましの言葉が心もとないもののように感じてしまうことがあるかもしれません。自分とは違う人生を歩んできた当事者に対して、どのような言葉をかければいいのか、わからなくなってしまうかもしれません。けれども、自分は学校に通えていた、自分は異性愛者だ、自分は今の仕事にやりがいを感じることができている、そうした自分が引き受けてきた自分自身のあり方と当事者の生きづらさとの間で摩擦を感じるのではなく、自分自身の弱さを取り戻し、それをひとつひとつ確認しあうことで寄り添いあうこともできる、そう考えてみるのは、いかがでしょうか。　（入山　頌）

『異なっていられる社会を―女性学／ジェンダー研究の視座』

［明石書店・2008年］

金井淑子 著

　著者は、女性学・ジェンダー研究を長年教育・実践してきた金井淑子さん。女性学のルーツからはじまり、セクシュアリティ論、1970年代日本のウーマン・リブ、ケア論、ジェンダーと学校教育、ジェンダー平等とバックラッシュ（ジェンダー平等の推進への反対運動）まで、女性学・ジェンダー研究の最前線の主題が取り上げられ、女性学・ジェンダー研究がどこから来てどこに向かうのかが考察されています。本書の一貫した特徴は、読者自身に性という主題をめぐって自分自身との対話を促すところにあります。それは、著者の金井さんが、「女性学／フェミニズムに関心をもってきた自分とはいったい何者なのか」「自分はどのような性を生きているのか」と、自分自身と対話しながら書き進めているからです。

　その姿勢が顕著に表れているのが、ウーマン・リブ（1970年頃に展開された女性解放運動）を先導した田中美津さんについて考察した第4章です。田中さんのリブ運動の核には、「とり乱す自分」を肯定するという思想があると金井さんはとらえます。田中さんのいう自己肯定とは、他人の視点を無視して自分を肯定することではありません。「自分らしく生きたい」と願いながら、同時に「男性に気に入られたい」と思い、矛盾のなかで「とり乱さざるをえない」自分を冷静に見つめ、矛盾する自分を肯定することです。「自分の主張は絶対に正しい」と思い込むのではなく、自分自身を「大したことのない」存在として相対化しつつ、「とり乱す」自分を「かけがえのない」自分として受け入れることです（田中美津『かけがえのない、大したことのない私』インパクト出版会、2005年）。

　生きづらさを抱える若者たちの当事者活動のなかにも、このような「自己肯定」が息づいています。たとえば、ひきこもり経験者たちによる当事者活動は、自分の「動けなさ」を肯定することを掲げます。「自分らしく生きたい」と思いながら同時に「他人からの期待に応えた

い」と願う。そして、そのどちらもままならない自分に戸惑い、「とり乱し」ながら「かけがえのない、大したことのない私」を肯定していこうという考えが表明されているのです（勝山実『安心ひきこもりライフ』（☞本書90頁）など）。

本書では、「個人的体験の政治化」の矛盾という、社会運動の「落とし穴」についても触れられています（より詳しくは、江原由美子『女性解放という思想』勁草書房、１９９７年参照）。それは、個人の痛みの経験から出発して社会を変えようとする活動家が陥りやすい落とし穴です。たとえば、生活のすべてを社会変革の取り組みに従属させなければならない、と思い詰めたり、個人の経験を絶対化して、自分と似た体験をもつ人にしか通じない主張に終始したりすることです。あるいは、自分の経験や立場を絶対に正しいものと思い込み、自分と異なる立場にたつ人を「間違っている」と断罪・攻撃することにもなりがちです。

とはいえ、自分とちがう立場の人に通じる言葉を模索すればするほど、自分の主張を歪める結果になったり、同志からは「迎合している」と批判されたりしかねない……。このジレンマについて、田中さん自身は「わかってもらおうと思うは乞食の心」と考えたようです（田中美津『いのちの女たちへ〔新版〕』パンドラ、２０１６年）。唯一の正解があるわけではなく、それぞれの立場から自分なりの運動のスタイルを試行錯誤しつつ見出す必要があるのだろうと思います。

本書は、女性運動という当事者運動の蓄積を、著者の立場を反省しながら考察しており、読者の思考を刺激しつつ、女性運動を理解するための、対話の相手になってくれると思います。

社会学的なジェンダー論の入門書としては伊藤公雄・牟田和恵編『ジェンダーで学ぶ社会学〔全訂新版〕』（世界思想社、２０１５年）があります。バックラッシュについては、山口智美・斉藤正美・荻上チキ『社会運動の戸惑い』（勁草書房、２０１２年）が調査に基づいて実態を記述しています。セクシュアリティの多様性に関する入門書としては、石田仁『はじめて学ぶＬＧＢＴ』（ナツメ社、２０１９年）、森山至貴『ＬＧＢＴを読みとく』（☞本書40頁）をおすすめします。

（関水徹平）

「家族のオルタナティブ」はアイデンティティと生を保証する　もう一つの社会はどこにある？・6

牟田和恵 編
『家族を超える社会学―新たな生の基盤を求めて』

［新曜社・２００９年］

「家族」は難しい。それは、わたしたちが生まれ育った定位家族であれ、結婚・出産などにより形成する生殖家族であれ、難しい。ともすればそれは、どこかに逃げて、隠れて、なかったことにしてしまいたくなるぐらいに難しい。それでもなお、わたしたちが誰かとともにあることを選び、求めようとすれば、それを「多様な家族」＝「オルタナティブな家族」と呼び、逃げてきた「家族」を相対化してしまうのではなく、難しい「家族」が有り得る「オルタナティブ」を求めたい、本書はそのような「家族のオルタナティブ」を切り拓くための視点を提供しています。

「婚姻に基づく小家族」としての「家族」は、これまで、「一対一」の「男女」という対による性愛と、それらの生殖による血縁とによって閉じられる「核家族」を前提としてきました。つまり、わたしたち個々が、つむぎだす関係としての親密さや生の基盤に「性愛」と「血縁」という条件をつけてきたと本書は指摘します。そこで本書は、現行の家族をめぐる言説を問い直しながら、それでもなお、「家族」にこだわり、たとえば、「コレクティブハウジング」や「レズビアン家族・ゲイ家族」、「ステップファミリー」を例に挙げながら「生きる基盤の可能性」としての「家族」とその構築を探求しています。

わたしたち個々の多くは、定位家族か生殖家族かいずれかの関係のなかで「家族」をとらえてきました。個々の立場からすれば前者は血縁に、後者は性愛によって条件づけられ、その価値観を引き受けることによって、血縁や性愛とは無縁に「家族」を構想することに制限を自らかけてきた、とも言えます。本書が指摘するように、わたしたちは誰かとつむぐ親密さを限定してきた、つまりは、定位家族で生まれ育ち、誰かと恋愛をしてセックスをし、子どもを産み育てることのみを「家族」と呼んできたのではないでしょうか。しかしながら、今やそれらは、必ずしも一連なりではなく、わたしたちがつむぎ出し得る親密な関係＝生の基盤は、性愛や生殖や血縁では説明し尽くせない現在を生きているし、その具体例であふれています。

その「家族のオルタナティブ」のなかで子ども・若者たちは、どのような経験をするのでしょうか。本書では、「若者の自立／自律と共同性の創造」（久保田裕之）が若者たちのシェアハウジングを通して、血縁や性愛によらない共同空間のなかで他者への依存を含めた自律を学びとることが指摘されています。たとえば、井上真珠編著『〈若者と親〉の社会学』（青弓社、２０１０年）で検討されるように、そもそも、定位家族から生殖家族への移行によって「大人になる」ということが、経済的および、精神的に困難を伴う状況にあります。であればなおのこと、子ども・若者たちにとっても「家族のオルタナティブ」は、親密な関係、生の基盤を確保しつつ、他者との関係のなかで自分とは何者かを問い、アイデンティティをつくり（直し）ながら、自立／自律していく意味をもつと考えられます。

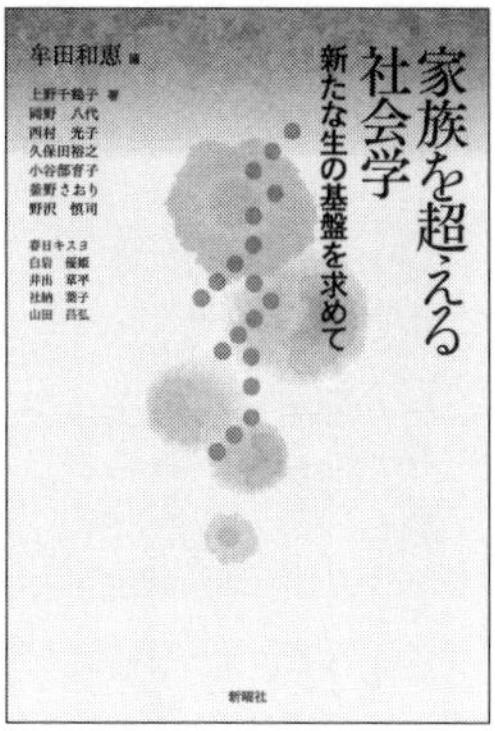

それでもなお、「家族」は難しい。家族や家庭は、血縁や性愛を取り除いて、個々によって創り出される親密な関係としたとしても、そこには、経験や情緒や理想がのせられます。たとえば本田由紀・伊藤公雄編著『国家がなぜ家族に干渉するのか』（青弓社、２０１７年）が問うように、「婚姻に基づく小家族」を量産しようとする「官製婚活」や、家庭内の関係にまで踏み込もうとする家庭教育支援といったかたちで、「オルタナティブ」を許さない、かつての家族に対する情緒は、国家によっても表現されます。

家族はどこにむかい、子どもたちはそれをどのように経験するのか、それは、わたしたちが子どもたちと向き合い、子どもたちにとっていま、何が必要なのかを対話的に言葉にしていく作業のなかでしか生まれないと思います。わたしたちが経験した家族は、子どもたちが求める家族と同一であるとか、わたしたちが経験した家族が最良と言い切るのは、あまりにも誠実さを欠きます。まだ見ぬ、個々がつむぐ家族に向けて、わたしたちはわたしたちの「家族」を解散して、再び出会い直すときにあるようです。

（冨永貴公）

『若者の労働運動―「働かせろ」と「働かないぞ」の社会学』

橋口昌治 著

［生活書院・２０１１年］

積極的に働こうとしない若者たち、仕事が続かない若者たちに対して、社会から厳しい視線が注がれ、若者支援の現場にも、若者を仕事に就かせるよう、強いプレッシャーがかかっています。しかし、働きづらさを抱える若者たちは、仕事に就くどころか、場合によっては家から外に出ることも難しく、支援者はそのギャップに戸惑ってしまうことも少なくありません。

若者たちは、過去の就労経験や各種メディア、まわりの大人の様子などから、仕事に就くとひどい目に遭わされるのではないか、誰も助けてくれないのではないかと、不安になっています。いわゆる「支援」の手がなかなか届きづらい世界、それが労働現場です。一方的に命令をされ、単調で苦痛な作業の長時間にわたる繰り返しだったり、逆に過剰な責任とプレッシャー、理不尽なクレーム対応を強いられたり、煩雑な人間関係の下でいじめやハラスメントが横行していたりなど、例を挙げればきりがありません。そんな場所に、一人で長時間立ち向かわなければならないという実態・イメージが広がっていることに、若者の就労の難しさがあります。

本書は２０００年代以降、日本で新しく誕生した若者向けの個人加盟労働組合（以下「ユニオン」）を調べ、そこに参加する若者の声から、新しい労働運動の形とそこに集まるさまざまな若者たちの思いを丁寧に考察したものです。ユニオンは正社員のみが加入できる企業別労働組合からはじき出された、アルバイト・パート・派遣などを守るために組織された、一人でも入れる労働組合です。企業別組合の場合、春闘のように決まった時期に、賃金を中心とした「より良い」労働条件を要求することが多いのに対し、ユニオンは飛び入りの労働相談を契機に、違法労働の是正という「最低限」のルールを守らせる活動が中心になるという点に、違いがあります。

本書に描かれている若者たちが恐れるのは、困ったと

きに誰も助けてくれないことです。自助努力と孤軍奮闘を強いられていた若者たちが、仲間と出会うことで困難な状況を打開していけるということを実感できる場、それがユニオンだともいえるでしょう。この本で示されるユニオンの機能は、世間一般の「労働組合」イメージとは異なり、多岐にわたっています。法律に基づいて集団で会社と交渉し（団体交渉）、違法行為を是正させたり、理不尽な言動について謝罪させたりするという労働争議をはじめ、労働相談のなかで、職場で傷つけられた自分自身を回復していったり、悲しみや怒りを仲間とともに共感し励まし合うことで、権利を行使する主体としての自己を確立していったりします。また、争議にかかわる活動だけではなく、普段は一緒に勉強会をしたり、一緒に食事会をしたりして、不安定な職場環境では築くことが難しくなりがちな人と人との信頼関係を、もう一度築き直す場所にもなっています。

　見方を変えると、ユニオンは若い労働者や失業者にとって、会社以外のもう一つの居場所となっています。職場での上司―部下の関係ではなく、支援機関での支援する―されるという関係でもなく、若者同士が対等な立場で支援し合う場になっています。だからこそ社会とつながりながら、無理なく本当の自分を維持することができ、安心して自分の仕事を見つめ、法律や常識に照らしあわせて客観的に正しいかどうかを知ることができます。そうやって自分の言葉を取り戻していくなかで、理不尽な働き方を容認する社会に対し、ときには「働かないぞ」と異議を唱えることもできます。

　若者の就労自立が強要されがちな現状ですが、若者たちが抱く不安や恐怖が現実のものとなったとき、支援者は若者を無理やり労働市場に押しやってしまったのではないかという不安や罪悪感を覚えてしまうこともあるかもしれません。しかしもう片方で、かれらが心の奥底で望んでいるような救いや希望、仲間とともに課題に向き合い、取り組んでいけるような場が、この社会に無数に用意されていたならどうでしょうか。若い労働者たちが自分たちで互いに助け合う場であるユニオンは、若者に一歩を踏み出す勇気と安心感を与え、若者を恐怖と脅威から守る方舟のようなものです。それは若者支援という若者を見送る桟橋につながれている、もう一つの選択肢ともいえるでしょう。

（天池洋介）

伊藤洋志 著

『ナリワイをつくる──人生を盗まれない働き方』

［東京書籍・２０１２年／ちくま文庫・２０１７年］

ナリワイとは、この本の全編を通して繰り返し強調されるように、自分自身の暮らしのなかから見出すことができ、生活の糧を仕事に仕立てていく自営の実践のことを指します。たとえば、料理をすることが好きな人が企画するホームパーティも、工夫次第では立派な仕事になる、というように伊藤さんは書いています（p.9）。ナリワイは、より多くの利益を上げるような成長よりも、自分自身の暮らしのなかから得られる生活の糧の方を重視します。ナリワイは、一つだけで生計を立てる実践ではなく、自分自身が心から好きだと思えること、そうではなくても身近なもののひとつひとつを暮らしのなかで集め、それを自営に仕立てていく実践なのです。では、どのようにしてそれが可能になるのでしょうか。ここでは後半に紹介するもう一冊の本の主旨と関わらせながら、友だちづくりということに注目して紹介します。

ナリワイで目指されるのは、仕事づきあいではなく友だちづくりです。このことについて、伊藤さんは次のように書いています。

「『困ったら食わせてやる』という友人を持つには、自分も『こいつが困ったらなんとかしてやろう』と思える友人を持つことが必要だ。それには、何か活動を通して『仲間』を増やさないといけない。単なる社交ではそのような仲間は育たない。パーティに出まくって知り合いが増えても、仲間は増えない。そういう意味でも、ナリワイは仲間をつくるのにも向いている。ナリワイになりやすいのは、お客さんが自分自身で家を建てるのを手助けをする仕事など、ワークショップ的要素の強いものである。お客さんを依存させるサービスではなくて、逆に生活自給力をつけてもらうのだから、仲間をつくるのに向いているのだ」（p.111）

このような一緒に何かをする、という場をつくることによって、友だちづくりと仕事づくりを重ね合わせていくことが、ナリワイという実践です。

こうしたナリワイによってつくられる人間関係は、いわゆる職場におけるビジネスライクでときに競争的な関係や、関係そのものを維持するために空気を読みあうような友だち関係とも異なります。ナリワイとは、楽をして稼ぐ方法でもなければ、一人で気楽に生きていくための方法でもありません。生きるために働くのではなく、生きるためにつながろうとする実践なのです。

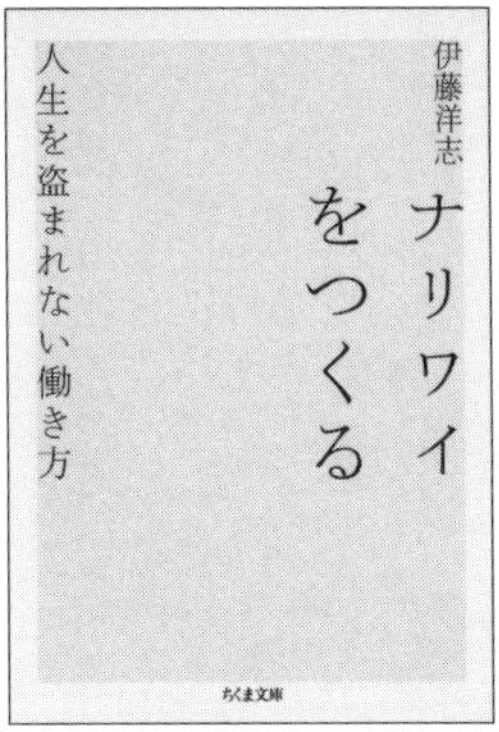

そうした個人と社会のつながりを考える際には、松本哉さんと二木信さんの編著による『素人の乱』（河出書房新社、2008年）も参考になります。

この本の面白いところは、デモを通して社会にメッセージを伝えていくことの大切さよりも、デモそのものを通して感じる楽しさのほうを重視しているということです。それはたとえばナリワイをつくるうえで重要な、一緒に何かをすることで新たなつながりを得る、ということともかかわってくるでしょう。つまり、デモとは個人と社会をつなげる場づくりの実践なのです。例えば、デモは追い詰められた人をコミュニティが救うという、居場所の機能を持つものとしても捉えることができると、この本は書いています（p.136）。

ただし、さまざまな人を巻き込みつつ、かつ楽しくデモをすること、場づくりをすることの難しさについても、この本は触れています。それは、場の作り手の課題というよりも、場にかかわり始める人の側の視点から書かれています。

「デモをやるとか上映会をやるとかってすごく難しいことのように思うけど、実はそれすげえ簡単でさ。でも逆に全然知らない輪の中に、例えば駅前とかでフォークギター持ってゆずみたいなことやってる人たちに『面白いですね』って言いに行く勇気とか俺はほとんどないんだよね。（略）でもそっちの側の勇気のほうが大事だし、ハードルも高いんだよ」（p.137）

友だちづくりと仕事づくりが重なるような支援として居場所づくりを構想するとき、支援者の重要な役割をナリワイとデモから学び取ることができるかもしれません。

（入山　頌）

第5章

政策を知る・使う・つくる

2000年代に入って、さまざまな〈若者支援政策〉が展開されてきましたが、現場の実践者・団体は制度・政策の創設・改廃や変更、そしてその運用の仕方にたえず振り回されてきました。現場では、制度・政策は「どこかの誰かがつくっていて、現場はそれに従うだけ」というような空気が漂いがちですが、その状況をどのように突破していけるのでしょうか。

本章では、若者をとりまくさまざまな制度・政策の実態やその社会的背景をまとめた著作を並べてみました。そこでは、単に既存の制度・政策の実態を「理解する」「活用する」だけでなく、既存の制度・政策とその運用を改善・改良していくことや、自分たちなりの制度・政策を「つくっていく」ことも展開されています。制度・政策を問うということは、この社会の目指すべき方向性を問うことにもつながっていきます。みなさんとともに考えていければと願っています。

『すべての若者が生きられる未来を―家族・教育・仕事からの排除に抗して』

宮本みち子 編　［岩波書店・2015年］

　本書が教えてくれるのは、日本の若者政策の現在地と課題だけでなく、若者が多様なライフコースで生きることを支えようとする〝大人〟がたくさんいるということではないでしょうか。

　編者である宮本みち子さんが『若者が《社会的弱者》に転落する』（洋泉社新書y、2002年）で提起したように、ポスト工業化社会の到来、とりわけバブル経済崩壊以降、学校から職業への移行が円滑におこなわれなくなった結果、「ひきこもり」「パラサイトシングル」「フリーター」といった従来のライフコースに「乗らない」若者が「出現」し、若者が「問題」として「発見」されました。怠惰や能力不足といったレッテルが貼られ、バッシングの対象となっていた「若者」を、ポスト工業化社会に移行する中で出現したリスクをまっさきに受ける《社会的弱者》として位置づけ、政策的な支援対象とすることをいち早く提起してきたのが宮本さんです。

　本書では、そうしたポスト工業化社会における《社会的弱者》たる若者のおかれた今日的状況への研究的分析や諸外国の社会保障制度・実践事例の参照・比較がなされています。そして、それだけでなく、自治体・民間実践体のこの間のそれぞれの取り組みが実践者自身によって報告されています。

　「若者」への政策的支援は、景気低迷のもとで無業・失業状態にある若者への就労支援（ジョブトレーニングなど）から、就労や学校になじめない若者の個々の背景に対し地域内の組織が連携して、伴走的に支援するかたちにその歩みを進めてきました。その歩みは、「子ども・若者育成支援推進法」（2010年施行）とその展開に結実されてきているように、諸機関が個別縦割りに対応するのではなく、地域を舞台として領域横断的・連携的な「公的」支援の形を模索する過程でもあります。

　本書は、若者への政策的な支援の必要性が提起され、

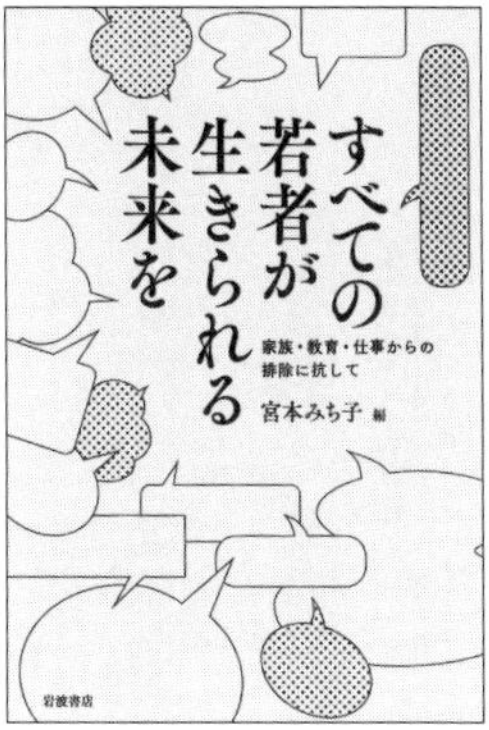

「子ども・若者育成支援推進法」の施行をみて5年がたった時点で、各地での成果や蓄積された実践知、浮かび上がった共通の課題が、研究者と実践者との協働でまとめられたものです。宮本さんは、こうした制度と実践の展開をふまえて、今後恒久的な若者政策をかたちづくるうえで重要な四つの柱を示し、人生前半期の社会保障として重要視すべき八つの視点を本書で指摘しています。本書の重要性は、若者支援政策の次の展開をつくりだすこうした方向性が、研究者と実践者によって協働的に示されていることにあります。

本書を読むにあたって留意することがあるとすれば、「仕事」「学校」からのドロップアウトに関する指摘に対して、「家族」からの排除に関する指摘が相対的に少ない点が挙げられるかもしれません。無業・失業といった仕事へとうまく移行できなかった若者や、いじめなどにより不登校となって学校へもうまく移行できない若者を包摂してきた／することを任されてきた「家庭」がその経済的基盤を弱め、また高齢化している状況や、そもそも「家庭」から排除された若者が存在し、「それゆえに」セーフティーネットの構築が不可欠であることは、本書と併せて認識しなければならない現実です。

また、就労や教育への「移行」に政策的な保障をおこなうことに焦点があたるあまり、移行した先である労働や学校（そして家庭）の環境自体の苛烈さの問題が見逃されることがあってはなりません。若者の職業への移行を社会的に保障する政策が意味を持つのは、職業への移行によって人間らしく自立できる働き方が同時に保障されていることが前提でしょう。同時にそれはかつての日本の「標準的な」ライフコースが、若者を労働力として高度経済成長のために酷使するもの以上のものであったのか、そもそも若者を市民社会の担い手である市民へとするものであったのかを問いなおすことでもあります。

そして、こうした現状をふまえた若者政策、および望ましい労働環境の形成に、主体たる若者の参加が不可欠であることはいうまでもないでしょう。「すべての若者が生きられる未来」はそのうえに真にあるといえるのではないでしょうか。

（山田大地）

後藤道夫・吉崎祥司・竹内章郎・中西新太郎・渡辺憲正 著

『格差社会とたたかう――〈努力・チャンス・自立〉論批判』

［青木書店・2007年］

少し前まで、一部の研究者や実践家を除いては、誰も日本が「格差社会」であるとは考えていませんでした。多くの人にとって日本とは、世界有数の経済力を誇る国、格差の少ない国という自己認識だったのです。もちろん現実には零細企業や農村など深刻な貧困問題は常に存在し続けてきましたが、それでも多くの人が、日本は「一億総中流」社会であると信じられる程度には、日本は格差・貧困が社会問題化しない社会でした。しかし、この20年ほどの間で実際の格差・貧困は急速に拡大し、人びとの間でも日本は「格差社会」であるという認識が一気に浸透してきました。もはや日本社会の格差や貧困は見て見ぬふりをできないレベルにまで拡大した、ということができるでしょう。

しかしながら、多くの人が日本は格差社会であると認めるにいたったことで格差社会を克服しようという社会的合意が得られたかといえば、必ずしもそうではありません。むしろ日本社会で力を増してきたのは、「格差は当然のものである」とする新たな社会常識です。「格差など存在しない」とする常識から、「格差は存在するがしょうがないことである」という新たな常識へ。つまり格差社会の容認へ。この間私たちの社会の仕組み、そして私たちのものの考え方は、こうした格差社会を容認し推し進めるものへと変容を続けています。格差社会の実態の告発とともに、格差社会の現実・思想を乗り越える考え方が求められているように思います。

本書が刊行された2007年は、ちょうど格差社会・貧困の問題がマスメディアで扱われるようになってきた時期です。2008年末の「派遣村」以前に早くも出された本書のなかで、著者たちは格差社会がいかなる言葉によってどのように推進されているかを分析しています。格差社会を肯定する思想は、一見多くの人が賛同できそうな表現で社会に流通し、浸透していきます。本書

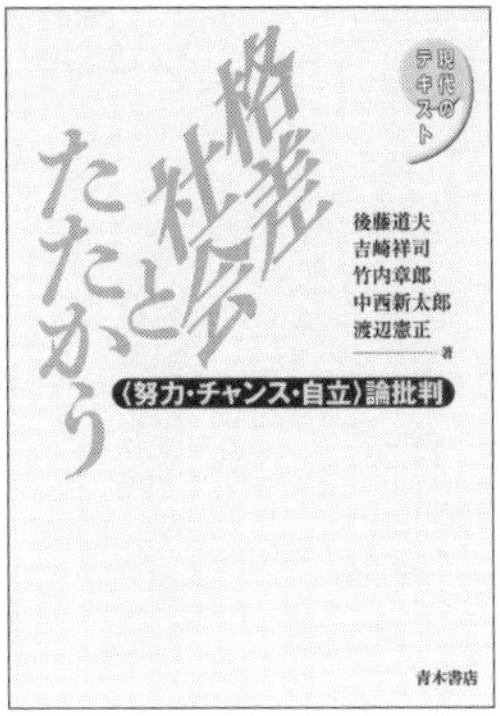

で検討されている「努力をすれば報われる社会へ」、「機会の平等」、「自立支援」といった標語はまさにその代表例といえるでしょう。本書は一見中立的で、しばしばポジティブなものにみえるこれらの言葉が格差社会をどのように推進・容認するかを明らかにしていきます。

たとえば中西新太郎さんは、近年政策の中で用いられる「自立支援」という理念を検討し、それが現実には自立困難な全ての人への支援ではなく、「自立の意欲のある人」と「自立の意欲・能力のない人」の選別、後者の切り捨ての機能を持つことを指摘しています。このような政治の領域で掲げられる「自立支援」という理念とそれに基づく制度は、実際に現場で活動する団体や自治体職員の支援のあり方に重大な影響を与えます。たとえば「ニート」問題において、より手厚い支援が必要な当事者が「自立の見込みのない者」とみなされて支援が断ち切られてしまうこと、または日々のリハビリによって現状を維持している人が「改善」の見込みがないとして支援が打ち切られてしまうことなど。抽象的で一見ポジティブなメッセージを実際の社会構造と時代状況のなかに位置づけて批判的に分析するという方法は、本書の著者たちに共通するものです。

また、本書の著者たちに共通する重要な主張は、「自立支援」や「努力が報われる社会」といった理念が想定している社会像・理想像自体をも批判的に検討しなければならない、ということです。例えば中西さんは、自立支援をめぐるより根本的な問題は、現在の政策が一定部分の人のみを「自立」させようとしていることではなく、そもそも政策が想定している「自立」イメージ自体が誤っているということにあると指摘しています。言い換えるなら、そもそも私たちは社会や国に頼らないような人間になることを目指さなければならないのか、常に他人と競争をし続けるような心構えを持つことがそれほど素晴らしい生き方なのだろうか、という問題についての考察です。格差社会の問題をこのようなラディカルな哲学の次元から論じている点が、本書の特徴の一つです。本の出版が2007年であることもあり、扱われている事例は現在からみて最新のものというわけではありませんが、本書で示されている論点自体は現在もなお、私たちが考えるべき最新のテーマであり続けています。

（後藤悠一）

［岩波新書・2009年］

『生活保障──排除しない社会へ』

宮本太郎　著

若者支援の仕事をしていると、ひきこもりや発達障害、DV、依存症など、若者が抱えるさまざまな問題に否応なく直面します。しかし、個別の問題だけではなく、その背景にある政策の仕組みについて学ぶ機会は意外と少ないのではないでしょうか。この本は、雇用と社会保障をテーマにしており、日本や諸外国の社会がどのような仕組みになっているかを学べます。個別の支援を行う前提として知っておくには適切な本だといえます。

「生活保障」というと、最低限の収入が保障されていることや、年金制度、医療制度を利用できることなどをイメージしそうなものです。ですがこの本では、「生活保障においては、賃金や所得が保障されることと並んで、人々が社会のなかに居場所を得ることが決定的に大事である」(p.12)、「人々が他の人々とむすびつくことを可能とし、『生きる場』を確保する見通しを提供できるものでなければならない」(p.14)と説明されています。その例として、第5章の「排除しない社会のかたち」では、スウェーデンの政策例を使って人びとの社会参加を妨げる要因を取り除き、教育から雇用、雇用から教育への移行可能な社会の仕組みを説明しています。

本書は、「負け組」に再チャレンジのチャンスを与えるというハイリスクアプローチではなく、誰もが対象となり得る「生活保障」政策の仕組みが提示されています。教育や雇用、その他の社会と行き来可能な仕組みであれば、自身の状態に合わせてライフキャリアを積み重ねていけるでしょう。

キャリアといえば、若者の自立支援では仕事に就くことが目標に置かれます。例えば、地域若者サポートステーションに代表される若者の就労支援は、若者の経済的自立を目的とした支援制度になっています。しかし、私自身は現場での支援経験から、必ずしも就労だけが生活保障ではないことに気づかされました。非正規就労と

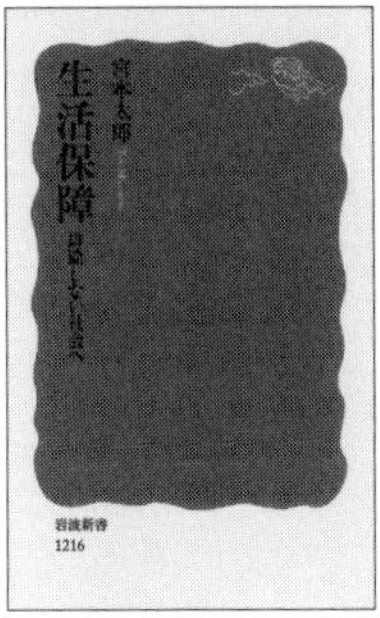

いう働き方や賃金格差の問題だけではなく、雇用以外にもずっと根深い問題があるように思えたのです。相談に来る若者から、「普通になりたい」「普通に働きたい」という言葉を聞くことがあります。自分が「普通」よりも劣っていると感じる背景には、他者と比較して自己否定感を感じてしまうということがあるのでしょう。その他者というのも、必ずしも身近にいるリアルな他者ではなく、メディアのなかで語られるような人びとであったり親世代の言う他者だったりします。

そのような個人の感覚だけではなく、この本では日本は社会構造上、連帯することが難しく、制度が人びとの分断を生み出す「仕切られた生活保障」になってしまっていると指摘しています。普段あまり意識することはなくても、日本社会にはさまざまな分断が存在しています。ジェンダーや民族の違いもあれば、正規労働者／非正規労働者の違い、俗っぽいもので言えばリア充／非リア充という違いですら、分断の原因になってしまうこともあります。そして分断が差別や排除を生むこともあります。社会制度が分断を促進するというのは、私たちには無関係のようにも思えますが、例えば若者支援も制度を使っておこなわれています。支援制度は、どのような人びとを支援対象にするかを線引きして決めなければなりません。そうすると、当然その対象から漏れてしまう若者も出てくるため、制度によって若者が分断され不利益を被る若者が出てくることを防がなければなりません。若者の声を社会に反映させ、若者が生きやすい社会をつくることが不可欠になってきています。

この本では、日本で「生活保障」の仕組みがどのように再構築されるべきかについて、踏み込んで検討されています。この本を支援者として読むのか、一人の若者や労働者として読むのか、さまざまな立場があるかと思います。ですが、全ての人が「生活保障」を得る権利を持っていて、どのように読んだとしても、きっと何か得られるものがあると思います。

本書の出版は２００９年ですが、宮本さんが提案する社会人教育や職業訓練などは、その後実際に「専門実践教育訓練制度」という形で厚生労働省によって実施されることになりました。その他にも、女性の就労環境の整備や、教育と社会の相互移行の活性化が提言されており、今なお価値のある本です。

（玉村　文）

『ワーキングプア原論―大転換と若者』

後藤道夫 著

［花伝社・2011年］

若者支援の現場にいると、自分たちが関わっている目の前の若者、あるいは街や地域で見かける若者が、本当に支援されるべき人びとであるのか不安になることがあります。昔と比べて贅沢なんじゃないか、単にやる気がないだけなんじゃないか、そう弱気になってしまいます。しかし世間一般で言われるように、やる気がないと言って非正規労働・無業状態を否定して、問題が解決するのでしょうか。選り好みをするなと言ってとにかく正社員になれば、ハッピーエンドであとはうまくいくのでしょうか。若者を無理やり労働現場に押し込めることだけが、若者支援なのでしょうか。

若者ばかりに責任を求めず、社会のおかしさを直視し、そのおかしさの見えにくさを、誰もが納得するような数字で客観的に示したのが本書です。若者の貧困には、背景に非正規労働の広がりと同時に、正社員の過重な労働の苦しさがあり、若者はその間を行き来しているので、働いていても貧困＝ワーキングプアとなっていて、そこから抜け出せなくなっています。それは今の日本では珍しくなくなってしまいましたが、本来はあってはならない状態なのです。

本書を読むと、まず貧困のありかとその姿、そしてその暴き方を学ぶことができます。1990年代から2000年代の派遣労働の規制緩和などの構造改革によって、無業と非正規雇用が増えました。「ちゃんとした仕事」と言われている正規雇用でも、低賃金と長時間労働によって貧困状態にある人が多く、なかでも子育て世代がもっとも貧困率が高くなっています。その背景には社会保障が有効に機能していないために、人びとが貧困から抜け出せないといった日本社会特有の特徴が、統計を使って明らかにされています。

働いても貧困である人びとが増えていったのは、労働のあり方がこの間に劇的な変貌を遂げたからです。若者

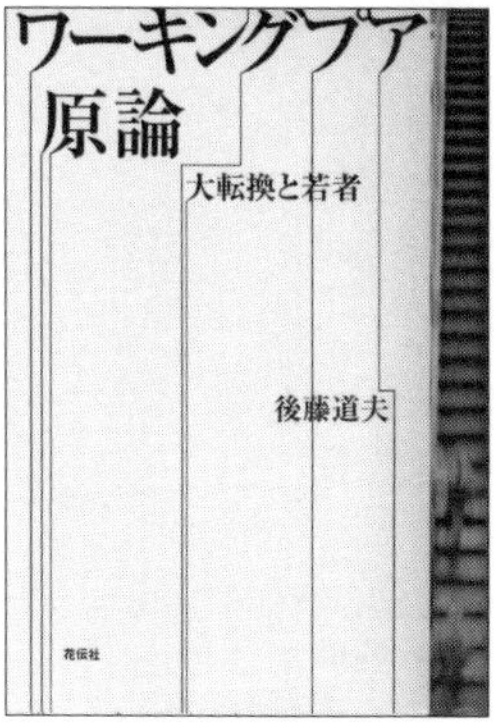

を丁寧に育て上げて定年まで勤める日本型雇用を中心とした仕組みが解体され、支援や保障もない働き方の下で苦しむ若者が増えていったことが本書で記されています。非正規雇用の労働者は、会社内での技能訓練の機会がなく専門性が身につかず、正社員への道が狭き門にされていることや、逆に正社員は長時間労働や競争的環境、過労などによる精神疾患が増えていることなどが、データにより記されています。

このような貧困の現状を受けて、後半では、福祉国家の役割と、その実現の方向性について考察されています。ヨーロッパ型の福祉国家では失業扶助という制度によって、長期に渡って失業中の所得が保障されているため、無理をして仕事を続けることなく、安心して失業することができます。しかし日本では、そもそも雇用保険の加入要件が高く未加入の労働者も多いことや、失業給付の額が低く期間も短いため、最低限の生活水準保障が整いづらいという状態にあります。そのため、失業してから体調や生活条件が十分に整わないまま、少しでも生活費を稼ぐために慌てて就職活動をする結果、非正規雇用を次々に渡り歩くことになったり、職場環境や労働条件をしっかり吟味し選ぶことができなかったりして、ワーキングプアから抜け出せなくなるという状況もあります（「半失業」状態とされています）。自分で働いて稼いだ賃金だけで生活する、ということが自明視されていて、国家が生活をサポートし、賃金と社会保障の両輪で生活するという視点が欠けているのです。

本書を読めば格差社会における若者の貧困を直視できるようになるでしょう。根拠なき自己責任論が横行している社会状況ではありますが、本書では実態把握だけでなく、現行の窮状を超え出ていくための方向性（労働市場・環境の是正や福祉国家の確立）もクリアに描かれ、自信を持って抜本的な改革を展望することができるようになります。

さらにワーキングプアや福祉国家について学びたいと思ったら、後藤道夫さんもメンバーの一人である「福祉国家構想研究会」が出している各種書籍に学んでみるのもいいでしょう。みんなで知恵を出し合って、あるべき日本の福祉国家について話し合いましょう。

（天池洋介）

「アカウンタビリティの問い方」を問い直す

『就労支援を問い直す──自治体と地域の取り組み』

筒井美紀・櫻井純理・本田由紀 編著

［勁草書房・2014年］

この本は、自治体における就労支援の実態調査をもとにして、そこから浮かび上がる課題と展望をまとめたものになります。現在、全国各地さまざまなかたちで「就労支援」が実施されていますが、その実態を明らかにしようとするときには、自治体や、自治体と連携するさまざまな民間団体をはじめ、多様な関係者からの協力を必要とします。そのような難しさを乗り越え、横浜市と豊中市という具体的な二つの自治体の実態をまとめた本書は、重要な参照軸になりうるものだと思います。

本書で取り上げられている就労支援は、「生きていること、職に就くこと、働き続けることに対してさまざまな困難を抱えている」(p.8)「就労困難者」と呼ばれる人びとを対象にしています。そこには、病気や障害、長期の失業などさまざまな問題がかかわっていますが、他にも子育てや介護に従事している人もいて、必ずしも本人自身の抱えている問題ではないことが示されています。

このような就労困難者は、福祉的な給付を受けて社会から孤立した状態に陥るか、それとも無理をおして就労しよりいっそう困難な状況となるか、のどちらかを選ばざるを得ない状態に置かれがちです。他方で、実態としての公的な就労支援は、投じた税金に見合った効果を上げているかどうかという「費用対効果」ばかりが問われ、「社会ビジョンのないアカウンタビリティ（説明責任）」(p.3)が求められてしまう現状が憂慮されています。税金に見合った「効果」、その効果とはいったいどんなものなのか、それを誰が決めるのか、非常に多くの問いが、十分に議論されることのないままになっているという現状があります。このような現状に対して、「就労支援の大枠作りやシステムの回し方は実効的か」「そもそも就労支援の理念に問題はないか」(p.5)といった、より巨視的な観点から問うことの重要性を指摘しています。そして、「アカウンタビリティの問い方自体の問い直しに

つながるような、そんなテキストを提供したい」(p.2)という目的が示されています。

本書では、分析対象となっている基礎自治体の情報および雇用・福祉政策の経過・実情がまとめられた上で、事業委託の方法変更（プロポーザルによる企画自体の評価から、入札による「費用対効果」の評価への変更）や人材ビジネス業者の実情にも迫っています。行政からの事業の委託期間が多くの場合1年と非常に短期間であること、それが「現場支援者の労働市場の、高すぎる流動性」(p.82)を発生させているという非常に重要な指摘がなされています。その状況は、わたしがこれまで調査してきた地域若者サポートステーション事業でも同様で（井上慧真『若者支援の日英比較』晃洋書房、２０１９年）、この間各領域で展開されるようになってきた公的支援全体にも通じる課題であるように思います。

そして施策内容を示した後半の章では、行政担当部署が各種支援のハブとして機能しているという点や、地域の中小企業との連携の模索の様子が記されています。自治体内では、失業者、生活保護受給者、ひとり親世帯、若者など、それぞれ対象ごとに別の部署で就労支援が取り組まれている場合も少なくありませんが、それらを一体のものとして結びつけ、連携しながら取り組んでいる実情が記されています。また、「就労支援」というと、求職者の側への支援ばかりが強調されがちですが、豊中市では受け入れ側の企業への支援も重視しており、地域で形成されてきた社会的ネットワークを活用しながら、市民もかかわるかたちで事業が展開されています。

本書で提起されている「アカウンタビリティの問い方」そのものを問い直しつつ、今後の可能性を展望するということは、狭義の「就労支援」のみならず、若者支援全体にもつながっていく課題です。本書で取り上げられたような公的な就労支援を可能にする豊穣な社会的ネットワークの形成、そしてそれを正当に評価するような基礎自治体の実践が、一部の「特別な事例」として扱われるのではなく、国レベルでの施策評価も含め、いかに普遍化していけるのかを考えていくことは、切実かつ重要な課題になってくるように思います。

（井上慧真）

すべての生を無条件で肯定するための抵抗実践

[岩波新書・2013年]

『生活保護から考える』

稲葉剛 著

「この世に生きる一人ひとりが、かけがえのない存在だ」といった言葉を、誰しも一度は聞いたことがあると思います。素敵な、大切な言葉です。けれど、一方でどこか胡散臭さも、私は感じてしまいます。人々の生が「能力」や「態度」によって条件付きで肯定されるような言説が渦巻き、また餓死する人さえいます。どうにも、すべての生が認められる現実が見えてこない。

こうした社会のなかで、一人ひとりの生が当たり前に守られるために、長い間地道に攻防が重ねられ続けている領域として、生活保護制度をとりまく議論や運動があります。「生活保護制度」という言葉については、ニュースなどでも時々取り上げられるので、すでに知っている人が多いかもしれません。ただ、自分とは関係ないなと考えている人も少なくないように思います。

しかし、実は、生活保護制度をめぐる攻防は、最初に書いた言葉を考える上で重要な示唆を私たちにくれるものです。なぜなら、生活保護制度はすべての人に健康で文化的な最低限度の生活を保障するための制度であり、日本社会における最後のセーフティネットだからです。この制度の運用の在り方や制度への社会のまなざしが、生活が苦しい状況に置かれた人々への社会全体の態度であり、人びとの生存する価値と権利についての争点となるからです。生活保護制度を利用することや、その制度改悪に裁判などで異議申し立てることは、生存権を絵に書いた餅で終わらせず、実際のものとして実現していく抵抗実践そのものです。

この「生活保護制度」について学ぶために紹介したいのが本書です。稲葉さんは、現場で貧困問題に取り組んでいる実践者です。本書は、生活保護制度の仕組みや、近年のこの制度の変化、実際に制度を利用している人びとの姿などをわかりやすく説明しています。生活保護制度をめぐる状況は、今も刻々と変化し、生活保護を受けても生活することが難しい状況が生まれています。こうした状況に対しては、当事者が自ら声を挙げ、支援者もともに反対運動をおこし抵抗しています。第4章には仲間と支え合いながらデモなどの行動をおこす当事者の姿が描かれており、当たり前の権利を主張することの意義を考えさせられます。また、こうした裁判運動は、支援者は、当事者は、どう連帯し、どう行動したのかなど、他の問題での裁判運動の大きなヒントにもなります。

稲葉さんはあとがきで、生活保護制度の本当の意味とは、「人間の『生』を無条件で保障し、肯定するということだ」(p.203) と述べています。生きているかぎり、尊厳の持てる最低限度の生活は誰にでも保障すること。それは、生きることができなくてよい生などない、という前提の上に成り立つはずです。そして、だからこそ、この生活保護制度を取り巻く改悪の流れやバッシング、窓口で虚偽の説明をされて追い返される「水際作戦」などは、私たちみんなの生を揺るがす問題になるのです。

さらに学びを深めるために、唐鎌直義『脱貧困の社会保障』(旬報社、2012年) をお勧めします。読み進めるなかで「本当に大変な人だけを救う制度」の落とし穴について理解することができます。そのほか、具体的に生活保護の利用の際に必要な申請書の書き方や相談窓口については、ビックイシューのホームページにある『路上脱出・生活SOSガイド』も参考になるでしょう。

さらに、簡単に読める漫画として、柏木ハルコ『健康で文化的な最低限度の生活』(小学館) があります。一人ひとりの個性的な生・生活と、それを支えようとする営みが丁寧に描かれている漫画で、絵柄もポップで読みやすくなっています。じっくりやさしく、生活保護制度の空気感を知ることができると思います。

すべての人に生きている価値があるということを私たちが実感するためには、それを実現する仕組みが不可欠です。その仕組みの一つが生活保護制度ですが、現在これが多くの人に「悪いもの」「恥ずかしいもの」として認識されています。この状況が、生を無条件で肯定できなくなっている社会を反映しているのだとしたら、今こそ私たちは、その考えや問題を直視しなければならないのではないでしょうか。

(岡部　茜)

政策を知る・使う・つくる7

それは夢物語か

『ベーシック・インカム入門——無条件給付の基本所得を考える』

山森亮 著

［光文社新書・2009年］

この数年、「ベーシック・インカム」という言葉を頻繁に目にするようになりました。ベーシック・インカム（以下、BI）とは、「すべての個人に対して無条件で」給付される、生活に必要な所得、あるいはそれを保証する制度のことです。経済格差や高齢化など現代社会におけるさまざまな問題を解決するための手段として構想され、徐々に注目を集めてきました。

この構想に対しては、これまで次のような疑問や批判が提出されてきました。「すべての人の生活費を賄うほどの財源はどこにあるのか」「働く人がいなくなってしまうのではないか」「お金持ちにも給付する必要があるのか」「年金や雇用保険、生活保護などのこれまでの社会保障制度がなくなってしまうのか」などです。これらに通底するのは「BIは机上の空論、あるいは働かずに生きていくことを夢見るただの夢物語なのではないか」という疑念でしょう。

本書はフェミニズム運動や現代思想、近代経済学など、さまざまな領域における議論を丹念に拾いながらBIが構想されてきた歴史に迫っていきます。こうした多様な領域に接近しながら上記のさまざまな疑問に対して一つひとつ説得的に回答を示していることが、本書の特徴でしょう。とりわけ、経済学者の議論を参照しながら「人は働かなくなるのではないか」「財源はどうするか」という二つの大きな疑問への回答が示される第5章は必読です。また、第2章や第3章においては1960〜70年代の欧米のフェミニズム運動や日本の障害者運動などを参照し、それらのなかでBIが主張されていたことが明らかにされます。これらの議論からは、わたしたちの生活において労働とはどのような営みなのか、生活に必要な所得はどのように得られるべきなのか、所得が保障されていることは人びとの生活においていかなる意味を持ちうるのか、などについて考えるきっかけを得ることができるでしょう。BIが他の社会保障からどのように置き換えられていくべきなのかという疑問に対しては、第1章において、複数の国の社会保障制度とその課題について検討することでその必要性が論じられています。現在の社会保障制度が「すべての人々が雇用される」という福祉国家の原則によって成立しており、それゆえ働ける者には雇用を、働けない者には福祉的救済を、という仕組みが作られてきたといいます。しかし、「『働きたいけれども働けない者』を『働いていない者』の中から選別するのは、そんなに簡単なことではなかった」(p.60)という指摘は、2000年代初頭の「ニート」という存在を巡っての混乱とその後の支援施策の迷走の課題そのものであり、若者支援という領域からみても重要な示唆となっています。

さて、本書では社会運動と政治経済の二つの方向からBIを解説しています。先に述べたとおり、社会運動にまつわる視点の一つとしてフェミニズム運動が挙げられていますが、現代においても女性の労働に対するさまざまな不条理の解決に向けてBIに対する期待が高まっています。堅田香緒里ほか編著『ベーシックインカムとジェンダー』(現代書館、2011年)には9名の女性による生活の現実とBIへの強い期待が記されています。また、ここで取り上げた山森さんと堅田さんも執筆するエノ・シュミットほか著『お金のために働く必要がなくなったら、何をしますか?』(光文社新書、2018年)も多様な論点からBIについて論じています。

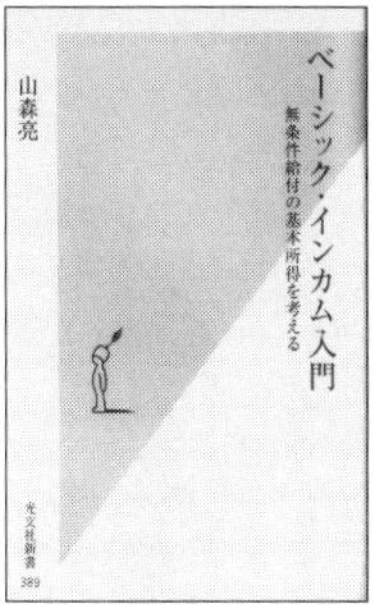

政治経済の視点から見たBIの興味深い点は、それがいわゆる左派右派といったイデオロギーの立場を問わず検討されてきた点でしょう。もちろん立場が違えば、その理念も期待も異なったものとなります。両者にとってBIはどのような意味を持ち、どのような利益/不利益をもたらすのか、トニー・フィッツパトリック著『自由と保障』(勁草書房、2005年)はBIを相対化するための視点を私たちに提供してくれるでしょう。

完全な形での実現には課題も山積していますが、アメリカハワイ州で導入が検討されたり、フィンランドでは長期失業者を対象とした社会実験がおこなわれたりするなど、BIは徐々に「机上の空論」ではなくなりつつあります。どのような社会を私たちは選ぶのか、その選択に備えての一読をお勧めします。

(御旅屋達)

フリースクール全国ネットワーク・多様な学び保障法を実現する会　編

『教育機会確保法の誕生―子どもが安心して学び育つ』

［東京シューレ出版・2017年］

自分たちが取り組んでいる実践を安定的なものにしていきたいという願いは、実践者の誰もが抱くものだと思いますが、そう簡単にいかない現実があります。それを象徴するのが、実践を公的に位置付け、保障していく「制度」の問題です。むしろ制度により自由な実践ができなくなってしまったりすることも多く、制度に対して両義的な思いやジレンマを抱えてしまいがちです。

そんな「制度」がどのように形成され、現場の実践とどのように結びついているのかということは、なかなか外部の者にとって遠い存在で、知る機会がなかったりしますます。それに対し本書は、実際の法制定にかかわった人びとによる振り返りの記録として残されています。

若者期にかかわる各種社会問題は、既存の制度枠組みには収まりきらない側面を持っているため、どちらかというと制度外の活動として取り組まれてきました。だからこそ、行政的な縛りや制約もなく実践を展開することができていた反面、社会的認知や財政的基盤が乏しく、運営は常に不安定な状態を繰り返していたりもします。そのため、実態に即した柔軟さを極力担保しつつ、実践の安定的な運営のための制度をどのように確立していくかということが、切実な課題として問われています。

本書は、２０１６年12月に制定された「教育機会確保法」の成立経緯と関係者の想い・動きをまとめたものになります。教育機会確保法とは、義務教育を受ける機会を奪われた状態にあった人びとに対し、相応の教育機会を提供する必要があるということが明記された法律で、不登校状態にある子どもへの教育機会提供や、夜間中学校の設置にかかわる根拠法となるものです。本法は、制定に至るまで大きな紆余曲折を経ていますが、政治家だけで検討し作成されたものではなく、長年実践に従事してきた市民によって立案されています。編者である「多様な学び保障法を実現する会」は、不登校支援・フリースクール関係者により設立された団体で、２０１２年から法制化を目指す活動を続けています。

立案当初は、フリースクールなど民間団体における教育活動も「義務教育の一端」であると認めるという「多様な教育機会確保法案」でした。それは、これまで自明のものとされてきた「義務教育機関＝学校」という前提図式自体を問いなおす論点も含んでおり、政治的スタンスの左右を問わず、さまざまな立場から批判・懸念が提出されてきました。賛成派・反対派・慎重派などさまざまな立場からの発言が飛び交うなかで、実際の支援活動に従事する人びと・団体の側も大きく揺れ動いていきましたが、その結果、「多様な」という文言は外され、不登校支援の部分が強調された法文としてまとまりました（対立構図については『教育』２０１６年４月号特集を参照）。

実態や実践など、現場で生起しているさまざまな課題に比べ、法や制度の課題は抽象度も高く政治的な文脈も大きく左右してくるため、なかなか身近には感じづらい部分があります。さらに「これまでにない新しい法律をつくる」となると、話が大きすぎて途方もないように思えてきます。しかし、法や制度も人間の手により作られ、その運用をめぐって日々調整・攻防が続けられており、実は広い意味での「実践」だとも言えるわけです。

通常は、既にある法・制度の運用や解釈をめぐって議論が交わされる場合が多いのですが、この本は法律が作られていくプロセスそのものに焦点を当て、立法を目指してきた民間団体、その想いに応えようとする議員、官僚、研究者それぞれの立場から、立法に至る経緯と想いが綴られています。それを追ってみると、実は議会や行政内部で行なわれているやり取りは、普段の実践で行なっている関係調整や合意形成の積み重ねときわめて近いものだということが分かります。そしてまた、それぞれの立場ごとの役割の違いや物事の捉え方・進め方の違いが見事に浮かび上がっていて、法の内容やその是非にかかわらず、「法律をつくるということはこういうことなのか」ということを、追体験的に学んでいくことができる書になっています。
日々の実践を公的に位置付け、持続可能なものにしていくこと。そこで問われる法・制度について、本書はあらためてふり返る機会を与えてくれます。（南出吉祥）

第6章

「わたし」のありかた

若者支援などの活動では、どうしても当事者としての「若者」について語る場面が多くなりがちですが、その一方で、その若者に向き合う「わたし」のありかたは、棚上げにされがちです。しかし、「わたし」を問うことなしに、活きた実践は考えられないのではないでしょうか。本章では、「支援」について書かれた著作を取り上げましたが、「スキル・ノウハウ」に傾斜したものではなく、揺れや戸惑いも含め、実践者自身の「立ち位置・スタンス」に焦点を合わせたものになっています。

そのことは「支援とは何か」という原点に迫り、実践者がよって立つ土台を強固なものとしてくれます。なかなか読み進めるのが難しいものもありますが、現場で日々格闘している人にとって、響いてくる言葉がたくさん詰まっています。これらの著作は、現場ですぐに役立つ「わかりやすいもの」ではありませんが、支援の原点を探る旅のよきガイドになってくれるでしょう。

支援する者、される者、私は、あなたは、何者か　「わたし」のありかた1

『「若者支援」のこれまでとこれから―協同で社会をつくる実践へ』

若者支援全国協同連絡会 編

［かもがわ出版・2016年］

このブックガイドを手にとったあなたは「支援者」でしょうか。それとも現代社会における何らかの生きづらさの「当事者」でしょうか。あるいは「研究者」「学生」などの立場から、若者を取り巻く社会環境とその課題についての知識を得たいという人もいるかもしれませんし、「家族」や「教師」など若者とかかわる立場として読まれている方もいるでしょう。いずれにせよ少なくない人びとが自らの立ち位置を自覚し、それぞれの立場と関心にもとづいてこのブックガイドを手に取っているのだと思います。はたしてそれでよいのだろうか、本書が投げかけるのはこのような問いかけです。

簡単に本書について説明をするならば、まずは若者を取り巻く諸課題についての入門書として読むことができるでしょう。その内容については、このブックガイドに掲載されているいくつかの文献と重なり合う部分も多いですが、非常に簡潔にコンパクトに若者を取り巻く環境とその課題、支援の歴史と現状についてまとめられており、初めて若者支援について知ろうとする読者は、まず本書を開くところから始めてみてもよいかと思います。と、こうした読み方ができるのと同時に、よく読むと要所要所に若者支援に対する一般的な理解を組み換えようとする強い主張が書き込まれていることに気づきます。例えば「若者たちの『生きづらさ』を考えるとき、自分自身の生き方を棚上げにしては誰も考えることはできない」(p.38)、「学校や職場で傷つき排除されてきた若者たちを支援し、再びその社会へと押し戻していくという支援の仕組みは(略)排除されてしまう若者自体を減らすことには寄与しません」(p.72)などのようなメッセージです。なかでも本書が強く訴えるのは、若者は「『支援の対象』ではなく、社会のあらゆる場における『主体者』」(p.5)であるという主張でしょう。そしてそれは家族・地域住民・支援者たちについても同様だといいま

す。「若者支援」はこうした「当該問題に向き合い共闘する関係」(p.88)にある主体たちによって社会を作り変えていこうとする実践であるとし、代わりに「若者支援協同実践」という新たな概念が提示されます。

もちろん簡単なことではないでしょう。例えば本書では「若者支援」が多様な担い手によって展開されてきたことも示されています。このことは、若者支援の持つ人的資源の豊かさを表すのと同時に、若者支援の混沌とした状況も意味しており、「協同」というシンプルな主張の難しさとその必要性を感じさせられます。

また、その主張の明快さと強さゆえに透けて見えてくる懸念もあります。例えば「若者たち自身が社会の諸問題に向き合い、より生きやすい社会を作り出していく担い手」(p.5)にならなくてはいけない、という認識の背後に見えるのは、若者だけに指し向けられる「未来の担い手」であってほしいという期待です。ところどころに記される「若者の成長・発達」という表現にも、それは表れているように思います。たしかに「若者」という言葉からは、彼/彼女らの成長や発達を通してこそ未来が拓かれるという響きを感じます。若者が年長者と比べ特権的に「支援」されてきたのもその期待ゆえのことでしょう。しかし、その支援現場の若者たちが直面してきたのは、生産活動の「担い手」としての苦しみや、その「担い手」であれという重圧だったりします。また、8050問題を持ち出すまでもなく、これまで若者支援が対象としてきた課題群がもはや若者だけのものでなくなってきたことは周知の事実です。若者の成長と発達への期待を隠さない本書のスタンスは、若者とともに社会を作っていくことの正当性を支えていますが、なぜ若者だけが「担う」ことを求められ「支援」から逃れることができないのか、「担い手」から降りる自由もあってよいのではないか、どのような言葉によってかつての若者たちに「協同実践」を呼びかけることができるのか、などの疑問が浮かびあがってきます。

いくつか検討すべき課題はあるとはいえ、容易には改善し得ない社会状況に対して支援者、被支援者などの立場を超えてともに取り組んでいこうという試みは徐々に広まってきています。これからの若者支援のあり方を考えるためにも、一読してみてはどうでしょうか。

（御旅屋達）

『居場所づくりの原動力―子ども・若者と生きる、つくる、考える』

柳下換・高橋寛人 編著
［松籟社・2011年］

2010年代に入り、あちこちで「居場所づくり」関連の研修会や学習会の講師をお願いされることが増えました。もちろん「居場所づくり」の方法や思想には「唯一の正解!」みたいなものはありません。私は、私自身が試行錯誤してきた「居場所づくり」の経験とそこから得たささやかな教訓とを、後に続く人への発想や方法のヒント、サンプルとして紹介することにしています。

私は山形市で20年ほど前から活動していますが、思えばその当初、先行事例がいまだ存在していなかった山形という場所で私が仲間とともに「不登校の子どもの居場所づくり」を始めることになったとき、ヒントにしていったのも、ほかの場所でとりくまれているさまざまな「居場所づくり」事例でした。

当時はまだ、フリースクール運動の草分けである「東京シューレ」界隈で発行されていた文献群以外はまとまった書籍もなかったころで、それ以外の事例を知ろうと思ったら、あちこちの雑誌などにのったレポートや手記の類をあさるしかなく、当然それでは「居場所づくり」の具体的な方法や発想がわからないため、近隣の宮城や福島で活動している実際のフリースクールやフリースペースにお邪魔し、運営者に話を聴いてまわりました。

あのころの自分たちは、いったい何を知りたくて他所の人たちの実践事例を収集してまわっていたのでしょう。今になって思うことですが、「居場所づくり」は「正解がない」領域だからこそ、ミッションやスタンスを自分（たち）で選択し構築していく必要がありました。当然、自分（たち）の方法や前提がどんなもので、それが何を意味しているのかは、自分（たち）だけでは理解しつくせません。それには、他者との対話が絶対的に不可欠で、その相手となるのが他の実践者／団体であり、その方法や思想だったのでした。

この本は、1980年代に本格化していく現代日本のフリースクール（不登校の子どもの居場所づくり）運動の草分けにして、いまなお現在進行形で運動にとりくみ続ける4人の実践者に、自身も実践者として現場経験をもつ研究者・柳下換さん（鎌倉・風の学園学園長）が公開インタビューをおこなった市民講座（2010年）の内容をまとめ、編集したものです。対話の相手として登場しているのは、ことぶき学童保育の石井淳一さん、NPO法人文化学習協同ネットワークの佐藤洋作さん、NPO法人フリースペースたまりばの西野博之さん、NPO法人東京シューレの奥地圭子さん。どの人も「居場所づくり」業界の重鎮で、それぞれが各媒体で活発に発信している人びとですが、そうしたビッグネームたちの言葉と哲学とにまとめて触れられるというのが、この本の第1の売りとなっています。読者は、それぞれに個性的で魅力的な4事例への共感や違和、距離感を手がかりに、自身のとりくみの位置どりをつかむことができるでしょう。

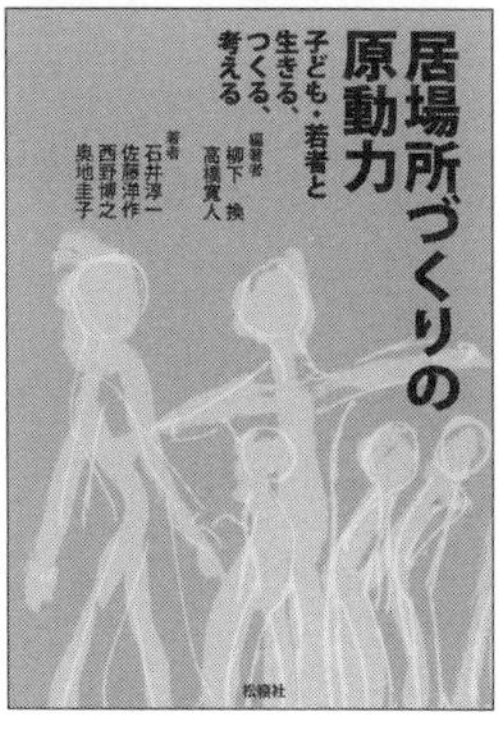

　この本の優れている点はそれだけではありません。「居場所づくり」は多種多様というだけでは、ときに混乱してしまうこともあるでしょう。この本では、それぞれにユニークでカオスな4人の経験に、それらを相互に比較可能にしてくれるような共通の軸を通し、それらを戦後日本の社会運動史という文脈に位置づけるという作業も試みられています。ここで詳述はしませんが（読んでのお楽しみ）、編著者によれば、80年代に本格化した「居場所づくり」は、消費資本主義下における市民発の社会運動――フェミニズム、反原発運動、生協運動などがその代表とされる――の一潮流であり、この本の4事例はそのバリエーションということになるようです。

　とはいえ、この本に決定的に欠けている要素があります。それは、とりあげられているのが首都圏の実践事例に、さらにはその第一世代の言説に限定されているということ。当然ながら、制度外のとりくみである「居場所づくり」は、その場所ごとのローカルな事情に大きく左右されるものだし、各実践の解釈は団体内部でも多様でしょう。となれば、首都圏のトップリーダーたちの言説だけでなく、それ以外のさまざまな道府県、さまざまな立場からの言説もまた、サンプルとして呈示されることが重要でしょう。この本に物足りなさを感じた次世代に、その課題を託したいと思います。

（滝口克典）

「日常」を根源的に捉え実践していくための技法（アート）「わたし」のありかた3

中西新太郎 著『人が人のなかで生きてゆくこと―社会をひらく「ケア」の視点から』

［はるか書房・2015年］

近年、社会全体において「コミュニケーション能力」が過剰に求められていると感じます。そして、そうした風潮の下、対人関係にまつわるストレス・プレッシャーが極めて高い状況が、人びとの生きづらさを増長させています。その生きづらさが最も象徴的に現れてくるのが、「いじめ」や「ひきこもり」などのテーマですが、現実にそういった事態までには至っていなくても、決して少なくない人びとがその不安におびえ、汲々としている現実があります。

他方で、さまざまな要因から生じてきた生きづらさを解消し乗り越えていくための支えとなるのもまた、他者との関係だったりします。「安心できる居場所」を用意していくことは、支援現場でも不可欠の要素として挙げられますが、居場所は空間のみで成立するものではなく、その場を共有する他者の存在が重要な役割を持ちます。

このように、人を苦しめる要因でありつつ、人を解放へと導いていく回路にもなる「人と人との関係」という普遍的かつ厄介なテーマに対し、「社会をつくる・ひらく」という角度から多面的に迫っているのが、本書です。

「人間関係／コミュニケーション」というと、どうしても人びと同士のあり方に意識が向けられがちですが、本書が目を向けるのは、もう少し足下のほうです。つまり、その人と人とがどういった場・社会に置かれているのか、人が人とともに居られる場をどのようにつくっていけるのか、という点です。どうしてここに目を向けるかというと、人間関係やコミュニケーション能力のスキル・ノウハウを説く指南書は数多くありますが、それらを構成している場・社会のありようを抜きにして「人間関係」をいくら語ってみたところで、いっそう高度な対人関係能力を個人に強いるという結果に終わってしまうからです。それはどうにもつらい。これに対して本書は、そういった表面的な「対処法」ではなく、「対人関係」

を構成している社会の仕組みやそれが過剰に要求されてくるメカニズム、そして人と人とがともに居られる場の構築など、より深い次元でこの問題を考える視座を与えてくれます。

たとえば本書では、「アヒルの水かき」（p.156）と形容され、弱みを他者に悟られないように、表面的には平気そうに振舞っておきながら、表からは見えない水面下では必死に努力しもがいているという状況が描かれています。こうした頑張りを迫る圧力に対し、「でもね……」と違和感を大切にし続けることが提案されていますが、それは一人ではとても難しい。だからこそ、他者が必要になるわけですが、「他者と居られる場」についての議論は、ぜひ本書で確認してほしいと思います。

こうした現状分析とそれに向き合う実践をともに論じる本書は、それだけでも大きな示唆を与えてくれますが、本書はそこからもう一歩進んで、「普通でいられる「社会」をつくる」（第7章）「安心距離の民主主義」（第9章）というように、社会全体の課題にまで迫っています。言葉だけ見ると、何やら難しそうな印象を受けますが、そこで展開されているのは〝立場や価値観の違いや力の差がある者同士が、安心してともに居られるような場をつくる〟という「場づくり」の課題であり、すでに実践現場で展開されているものでもあります。「目の前の課題」に向き合い奮闘している日常的な実践が、実は社会そのものを形づくる原理としてきわめて重要な営みでもあり、それをいかに社会全体の課題へとひらいていけるか。そのことが、今の生きづらい社会状況を超え出ていくための回路として大きな可能性を秘めているということを気づかせてくれます。

本書は読者のニーズに応じた多様な読み方が可能で、日々の現実で出会う出来事と照らし合わせてみたり、行間に込められた理論的提起を読み込んでみたりすることもできます。そのなかで、わたしがぜひお勧めしたいのは、この書を素材として、他者とともに対話・交流し合う読書会・対話の場づくりです。「スキル・技法」が氾濫しそこに追い立てられる状況だからこそ、いったん立ち止まり根源を問い返してみる機会は、むしろあらゆる場面で重要になるのではないでしょうか。

（南出吉祥）

【かもがわ出版・2013年】

『ともに生き　ともに育つ　ひきこもり支援―協同的関係性とソーシャルワーク』

山本耕平　著

ひきこもり支援にかかわる分野は教育や福祉、心理など多岐にわたります。また、当事者の親やピアサポーター、ボランティアを含めると、その活動の幅はさらに広がります。ここで紹介する山本耕平さんの『ともに生きともに育つひきこもり支援』では、ひきこもりの若者とかかわるすべての人をソーシャルワーカーと呼びます。ソーシャルワーカーとは社会福祉士や精神保健福祉士のような資格のあるなしにかかわらず「かれらとともに豊かな育ちが可能となる働きを行う人」として位置づけられています。

ひきこもりの若者と向き合っていると、ひきこもり支援とはいったいなんなのか、なにを目指せばよいのか、どう振る舞えばよいのか、どうかかわればよいのか、こういった悩みに日々直面します。時には、目の前の若者がこちらの話を全く聞かず、そっぽを向き続けることにイライラすることもあるかと思います。そんなとき、ぼくはいちど深呼吸をして気持ちを落ち着かせ、家に帰ってからこの本を読み直したりしています。この本ではソーシャルワーカーとしての立ち位置や考え方を、山本さんの出会った事例や時代背景などを通してわかりやすく説明してくれています。また、ひきこもり支援に興味のある人なら誰にでも読みやすいので入門書としてもぴったりです。

ひきこもり支援と就労支援は切ってもきれない関係ですが、ひきこもりの若者たちが働けるようになればそれでいいかといえばそういうことでもありません。せっかく元気になって働きだしたと思っても、職場に馴染めず仕事を辞めて再びひきこもってしまう若者も少なくありません。そんなときにそのあり方を問われるのは、雇っていた企業やかかわっていたソーシャルワーカーよりも、その若者自身です。ブラック企業のような過酷な労働環境、非正規雇用のような将来の展望がみえない働き

方、若者の働く環境はとても不安定になっているのに、そのとき問題視されるのはいつも若者です。自分の部屋でひきこもっている若者たちは、そこから社会参加を促され就職を目指すような変容を求められる。かれらの多くは「普通」に働けない自分を責めています。そしてその周囲にいる家族や知り合いも働いていることが「普通」だと思い、本人にそれを強く求めすぎてしまう。ソーシャルワーカーだって、時としてそういった立ち振る舞いをしていることがあるかもしれません。もしかしたら、ソーシャルワーカーの方がより自分が支援者たらんとするために、そういう立ち振る舞いをしてしまうことが多いかもしれません。

　この本では、そういったソーシャルワーカーとしてのあり方が「協同的関係性」というキーワードで語られています。「協同的関係性」とは支援する人・される人のような関係ではなく、まさにこの本のタイトルとなっているような「ともに生き ともに育つ」関係を目指すものです。若者個人の特性にばかりに目を向けて、そこからいまの社会に適応を促すだけの支援ではありません。専門的なケアも必要ではあるけど、目の前の若者の一挙手一投足に〝シエン〟を当てはめるだけでは支援にならない。「ひきこもり」を社会の問題として捉えること、若者たちが感じている生きづらさやかれらが直面している課題は、じつは「普通」を生きるぼくたちソーシャルワーカーこそが問われる事柄かもしれない。「協同的関係性」は、ひきこもりの若者たちもソーシャルワーカーも同じ社会の一員として、課題を共有して「ともに生き ともに育つ」という関係性です。

　ぼく自身はひきこもり支援の現場に8年近くいて、もう新人とはいえない立場にもなってきました。日々若者とかかわってきて改めてこの本を読み返してみると「自分、支援者ぶってんなー」と思うことがたくさんありました。実際、現場で若者とかかわっていると「支援」と「協同」を成り立たせることは難しいと思うことはいくらでもあります。でもこの本を読むと、そして自分がひきこもり当事者だった頃のことを振り返ると、欲しかったのは「支援」じゃなくて一緒に生きていく仲間と場所だったんだよなと思い出しました。だからやっぱり「ともに生き ともに育つ」がオススメです。

（島村恒平）

みんなの「発達保障」をめざす社会とは　「わたし」のありかた5

丸山啓史 著『私たちと発達保障――実践、生活、学びのために』

［全国障害者問題研究会出版部・2016年］

2016年、相模原市にある津久井やまゆり園で重度障害者が多数殺傷された戦後最悪の殺人事件の犯人は、「障害者は死んだほうが社会のためになる」という信念を持っていました。また、2018年、ある国会議員は同性愛の人たちを念頭に、「子どもをつくらない、つまり生産性がない」との主張をおこないました。これらの考え方はさまざまな論者によって批判されましたが、残念ながら似たような主張がネット界隈でも繰り返されている事実からして、私たちの社会に根深く潜む認識だと言わざるを得ません。

困難を抱える若者などの支援にかかわる私たちは、こうした「社会のため」とか、経済成長に貢献する「生産性」とか、そんな尺度で人間を価値判断する優生思想や能力主義と対峙しなければならないときがあります。そのときのために、誰もが、かけがえのない存在として人権が保障されなくてはならないこと、どんな障害や困難があっても人として発達する力をもっていることなど、その生の豊かさを支える思想や文化を共有していく必要があります。

本書は、確固たる思想を理論的に示すことを目的にしていませんが、障害のある人、困難のある人を含む「私たち」みんなの「発達保障」をめざす社会について考えるきっかけが詰まっています。著者の丸山さんは、障害者教育学を専門とする研究者です。全国障害者問題研究会の月刊誌『みんなのねがい』に書かれた連載がまとめられた本書は、丸山さん自身が出会ってきた場・人・実践でのエピソードから、「発達保障」という考え方の核に迫る思考が積み重ねられていく、とても読みやすいエッセイ集です。小気味良いリズムで話題は展開しますが、障害のある人の日常や教育実践に根ざし、それぞれのかかわりのなかから困難のある人の立場に立ってその苦悩や矛盾を見つめています。同時に、経済成長や成果

主義など、特定の何かが右肩上がりになることを無批判によしとする社会の価値観を鋭く問う視点が貫徹されていて、読み応えもあります。

　本書が主題に据えている「発達保障」という考え方は、単に「能力の向上やスキルの獲得だけを追い求めているわけでは」なく、「人間の発達というのは、もっと幅の広い、もっと豊かなもの」(p.16) だとされます。たとえば、本人の気持ちの育ちに目を向けること、仲間関係を育むことなどです。私が本書で印象に残っている発達観として、次のような一節があります。「誰かのことを気遣う優しさが生まれること、多少のことでは仲間を責めないおおらかさが育つこと、いざというときには黙っていない正義感が強まること、ときどきは気を抜いて怠ける〝いい加減さ〟が身につくこと…」(p.29)。こうした視点こそ大事にしたいものです。

　本書の「発達保障」は、障害のある子どもや大人だけの話ではありません。本書後半では、「社会の発達」が主題になります。

　特に私が惹かれたのは、理想社会の構想についてです。たとえば、丸山さんは幾人かの思想家の議論を引きながら、みんなの「発達」のために「四時間労働の社会」の実現を本気で議論します。この議論は、私たちが大量生産と大量消費とを引き換えに長時間労働を強いられ、いつのまにか自由な時間のなかで人間同士の関係から生まれる喜びや価値あるものを犠牲にしてきた事実を突き付けます。私たちはどんな生活や社会を「理想」と考えるのか、どのような「未来」をめざすのか、「発達保障」のために、それにふさわしい生活や社会のあり方をみんなで考えていく必要性が提起されます。

　丸山さんは決して理想主義者ではありません。むしろ、そうした理想からかけ離れた今の状況を直視し、人権を実質的に否定するような主張に強い危機感を持ち、だからこそ一人ひとりが〝ねがい〟を表明・共有し、「権利を高く掲げよう」と呼びかけます。「発達保障」の考え方は、まさに「発達を権利として保障すること」を求める運動から生まれた言葉です。「発達保障」の考え方や成り立ちについては『発達保障ってなに？』（丸山啓史・河合隆平・品川文雄、全国障害者問題研究会出版部、２０１２年）に、コンパクトにまとめられています。

（井口啓太郎）

一般社団法人社会的包摂サポートセンター・監修、朝比奈ミカ、日置真世 編著
『ここで差がつく 生活困窮者の相談支援―経験を学びに変える「5つの問いかけ」』

［中央法規出版・2016年］

本書は2015年4月から施行された「生活困窮者自立支援法」における自立相談支援事業に従事する相談員に向けて書かれたものですが、協働としての相談関係をどう構築するか、職場の同僚と学び合うための第一歩となるような本であり、学びの多い本です。

そもそも「生活困窮者支援」とは、暮らしの中で困難を抱えてしまう方々に対する支援を総じていいならわされてきた表現ですが、ついつい経済的な困難など見えやすい課題を抱えている方を思い浮かべがちになります。しかし実際には「①表面化している困りごと」と「②困りごとの背後にある個人的・社会的な課題や価値観」があり、さらにその背景に「②―a背後や近接関係にある社会問題」や「②―b排除を強化する価値観・思想」があると言います（社会的包摂サポートセンター編『相談支援員必携　事例で見る生活困窮者』中央法規出版、2015年）。

実際に生活困窮者の方への支援を仕事にすると社会問題や排除を強化する価値観や思想にまで目をゆき届けて解決へのアクションを起こすことは難しいものです。その理由はいろいろありますが、わたしは支援者がいつも相談者の問題に気付いてあげて、正しいことができるという立場性に陥りがちだからではないかと考えています。この考えで全て上手くいけばよいですが、拒絶されることもあります。ときに酷く傷つき、相手を説教したりすることになってしまいます。筆者によればお礼を言われたはずなのに、以降全く音沙汰無しという事態も起こりえます。事例紹介の第2章では、こうした現象を経験してしまう支援員を「ありがち支援員」と紹介し、本人のいるところから関わり始める「なるほど支援員」とのかかわりの経過を対比して、支援員のとらえ方や向き合い方によって相談に来た人の人生に影響を及ぼす可能性が述べられています。

しかし、本書の趣旨は、よい事例からたくさん学んで

もらおうということではありません。わたしを含む「支援」に携わる多くの人が持ちうる「役に立ちたい」「助けたい」という志によって、あるいは困難を抱えた相談者との関係、その時々のわたしたち自身の体調、周りの雰囲気などによって、誰もが「ありがち支援員」になりうる可能性があると本書は説いています。そうした観点から、この章は「わたし」自身の在り方を振り返るために活用することを意図しており、対人援助の仕事に何らかの形で携わる皆さんに通ずる大事なコンセプトがあります。編著者の一人である朝比奈さんは「振り返りが唯一（中略）ぎりぎり仕事として存在させるための保証だ」(p.27）と述べています。言い換えれば「支援」という仕事がいかにパターナリズムに陥りやすく、だからこそ誠実に私たち自身を振り返る必要があるという見解を示していると感じます。

さて「振り返ること」の重要性とあわせ、何を、どう振り返るかも本書は紹介しています。本書は振り返りを説くばかりでなく、執筆者たち自らが巻末に付された自己開示を助けるツールを用い、対話を通じて相互理解をすり合わせていく点が参考になります。どのような振り返り内容であるかは本書を読んでいただくこととして、わたしがこの振り返りの中で大切だと思ったのは、自己や他者あるいは相談者に関する「もやもや」に対して振り返りを行う者同士で問いを立て、自分自身の価値観や評価の軸をなす「常識」、「普通」の枠組みを相互に見つめあっていく態度です。

本書の活用について気にかかることを一点だけ指摘しておきます。それは、振り返りに参加する人たちの「自己開示」を要求するツールではありますが、支援者・非支援者等、参加するそれぞれが、どのような対話の土台であれば安心して対話を重ねることができるのか、示されていないということです。

振り返りに取り組もうとするとき、そのメンバーが相互に敬意を払い合える関係性があり、お互いの価値に触れ合うときの「問いかけ方」については、事前によく考えておく必要があると感じました。

とはいえ、本書は協働としての相談関係をどう構築するか、仲間と学ぶための第一歩を踏み出すための良いパートナーとなってくれるように思います。

（湯浅雄偉）

古川孝順・岩崎晋也・稲沢公一・児島亜紀子 著

『援助するということ――社会福祉実践を支える価値規範を問う』

［有斐閣・2002年］

本書を手に取っている方のなかには他者を援助することを仕事にしている方（仕事にしたい方）が多いのではないでしょうか。そのような仕事をしていくうちに「なぜこの人に対して援助が必要なのだろうか？」など、援助をめぐる根本的な問いに直面することがあります。私も援助職として勤めた経験があり、そのような問いに出くわしました。また、学校で学んできた、もしくは職場で共有されている理論・価値・規範などが全て吹き飛んでしまい、業務をする上で路頭にまよう経験をした方もいるかもしれません。「援助がなぜ必要なのか」、そのような問いに対する答えは社会観や人間観によって異なるものであり、簡単には答えを出せません。しかし、そのような問いに対して向き合うことはできますし、その姿勢を持つことが援助職にとって大事なことだといえます。ただし、そのような問いに向き合うことは非常に労力がかかるので、あくまでゆるやかに。そして、向き合うことによって自分の援助の深みが増すとも思います。

その上で本書は、援助にまつわる根本的な問いに関わり続けるための、自分なりの姿勢の取り方のヒントが得られる本であるといえます。出版されてから既に20年近く経つ本であり、そのなかで社会福祉を巡る状況は目まぐるしく変化してきました。しかし、本書の内容や問題提起は、今も社会福祉学で取り扱うべきトピックスとなっています。何より、社会福祉の援助活動を支えてきた価値規範が生まれた背景を知ることは重要です（第1章）。なぜなら、援助に関する価値規範は揺れ動きながら形成されてきたものであり、その形成プロセスを知ることは将来の援助のあり方を、さらには自身の援助のあり方を考える助けになります。また、近年の援助職を支える理念である「自立」についても、その内容を吟味する必要はあるでしょう（第2章）。援助の目的および目標として「自立」という言葉を無意識に用いることがあると思いますが、では「その人にとって自立とは何か?」と問われたときにあなたはどう答えるでしょうか。そのような難解な問いに向き合うためのヒントがあります。そして、援助者と被支援者の関係性についても、考えるべき点は多くあります（第3章）。援助者と被支援者の関係性においてはその非対称性、つまり援助者が被支援者の人生に対してコントロールできるような権力を持つといわれます。しかし、被支援者は権力に屈するだけでなく、自らの人生を自由にできる力も持っていることが指摘されています。そのような力は「自己決定」として近年表現されますが、「自己責任」と表裏一体のものとして扱われることがあります（第4章）。「自己決定」と「自己責任」が表裏一体にして扱われることは援助を展開する上で障壁となりうるものであり、そうではない「自己決定」のあり方について考えていく必要性はいまだにあります。

なお、本書の内容を理解する上で社会福祉における基礎知識がないと、読むのに時間がかかってしまうかもしれません。本書を読み進めていく上でひっかかりを感じた方は、近年出版された社会福祉に関する教科書（例えば、圷洋一・金子充・室田信一著『問いからはじめる社会福祉学』有斐閣、2016年）や社会福祉の現場のリアリティを大切にしつつ支援のあり方について書かれた本（例えば、尾崎新編『「現場」のちから』誠信書房、2002年）などを通読した上で、本書に臨むと理解が深まるのではないのでしょうか。

正直にいえば、本書を読んでいくうちにその記述に対して「回りくどさ」を感じることもあると思います。それと同時に、「回りくどさ」を理解するように何度も読み返すことによって、本書が持つ意義を更に感じることができます。特に自分が支援をおこなっていくなかで、そこはかとなく不安や息詰まりなどを覚えたときに本書を読み解いてみると、少しヒントが得られるかもしれません。本書で感じるかもしれない「回りくどさ」は、筆者たちが支援にまつわる根源的な問いについて、格闘した軌跡でもあります。その「回りくどさ」に対して、共感を覚えたり、違和感を覚えたりするなかで、読者なりの支援観について考えていくことになるのではないかと思います。

（相良　翔）

崎山治男・伊藤智樹・佐藤恵・三井さよ 編著『〈支援〉の社会学――現場に向き合う思考』

［青弓社・2008年］

本書は、支援の現場を調査してきた社会学者たちが集まってつくった論文集です。調査対象となった支援現場は、アルコール依存症の自助グループ、犯罪被害者の自助グループ、被災した高齢者・障害者への支援、地域包括支援センター、介護老人福祉施設、認知症ケア、とさまざまです。そこでおこなわれる「支援」もしくは「ケア」という営みについて、それぞれの論者の視点から社会学的な考察がなされています。

そのなかでも、とくに「支援とは何か」という問いに迫るのが、三井さよさんによる論文です。そこには、「人として」の支援とは何か、それがどのようなかかわりなのか、丁寧に考察されています。

阪神淡路大震災後、仮設住宅に入り、肝臓を壊しているのに飲酒をやめないアルコール依存症の男性。ボランティアの支援者は戸別訪問のたび、何度もお酒をやめるように言いますが、耳を貸しません。ある時、支援者は「お酒、おいしいの?」と聞き、男性は「そりゃおいしいわいな」と答えます。

この時、支援者は、男性を「他者」として発見したのだと三井さんはいいます。他者とは、自分とは異なったものを望み、異なることを考える存在であり、自分にはコントロールできない存在です。そのようなコントロール不能な他者に対して、人はどうかかわるのでしょうか。支援者は相手を「そういう人なのだ」「お酒を飲み続けるのも彼の人生だ」と、手に負えない存在として切り捨てることもできます。しかし、その支援者はかかわり続けることを選びます。「つまみを作ろうか」と言って。ここで、支援者は相手を自分の思い通りにしようとする「支援」の枠をはみ出し、「人として」のかかわりを始めたのだ、と三井さんはいいます。

「人として」かかわる支援も「支援者なりの意図をもったかかわり」であることに違いはないでしょう。支援者

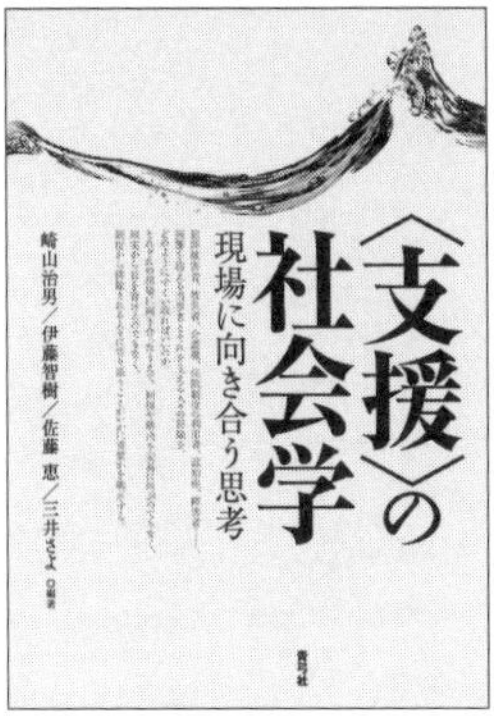

はやはり「これ以上肝臓を悪くしてほしくない」と思っているからです。しかし、相手が自分の思い通りにならない他者であることを自覚した支援は、自分の望むことを押しつけてコントロールしようとするかかわりとは違います。相手の立場にとって何がよくなることなのか、どのようにしたらよくなるのかを、その人と一緒に考えていくかかわり方。それが、思い通りにならない他者に対する支援なのです。

どれだけ支援を申し出ても、それを拒む人はいます。支援を拒み、仮設住宅で亡くなった「孤独死」のケースに触れながら、三井さんは、その人は「孤独」な生を生きたのだと指摘しています。「自身や他者について希望や信頼をほとんど失っている人は、支援を進んで受け入れようとはしない」（pp.104-105）。孤独な生を生きる人にかかわり続けること。三井さんによれば、それは、その人が自分の人生を主体として「生ききる」ことを支えるために、「人として」かかわることです。

三井さんの章以外でも、「支援」について多くの示唆的な考察がなされています。問題の解決を目指すあまり、相手の今を見ること、聴くことができない専門家の姿勢。「回復までの段階論」モデルが「回復の物語」という世界観を前提にしていることがはらむ暴力性・抑圧性。これらの指摘からは、若者の「回復」のあり方は多様であり、支援者の考える「回復」を押しつけてはならないといった、支援の実践的なヒントも得られるように思います。

ひきこもりに関して、「人として」の支援のあり方を説明した本として、丸山康彦『不登校・ひきこもりが終わるとき』（ライフサポート社、２０１４年）をおすすめします。丸山さんは、ひきこもるという経験を、人並みに生きたい・周囲の期待に応えたいという「願い」と、自分のペースで歩みたいという「思い」との葛藤のプロセスであり、その葛藤の歩みのなかで、周囲と、そして自分自身と折り合いをつけていくプロセスだととらえます。そして、ひきこもり支援とは、その人の葛藤の歩みを支えることなのだと言います。そのようなかかわりにおいて、支援者は、支援する側／される側という壁をつくって閉じこもることはできません。それは、「生き方」という、正解のない問いに向き合う、相手と対等な「人として」のかかわりです。

（関水徹平）

被支援者ではなく当事者として生きる

浦河べてるの家 著『べてるの家の「非」援助論―そのままでいいと思えるための25章』

［医学書院〈シリーズ・ケアをひらく〉2002年］

この本は、支援者主体で「治療」や「援助」を重視したアプローチではなく、当事者が主体となって社会に参加し、社会とつながりながら生きていくための場や手段を創造していく「非」援助的なかかわりを記した本です。この本のなかでは、これまでおこなわれていた支援者主体のかかわりを、「囲」療（囲い込む医療）、「管」護（管理する看護）、「服」祉（被支援者を服従させる福祉）と喝破しながら、困難をかかえる人に対するかかわりのあり方のパラダイム転換を迫り、そしてそれを実践現場で実現している様子がいきいきと描かれています。

その舞台となっているのが、北海道浦河町にある精神障害等をかかえた当事者の地域活動拠点として1984年に設立されたべてるの家です。一般的に支援や教育の現場では「問題」が起きないことがよいことだと考えられますが、べてるの家では、当事者が人として生きていくためにはむしろ「失敗するチャンス」やあたりまえに「苦労する権利」を取り戻すことこそが重要であると考えます。そのため、失敗や苦労を引き受けつつ当事者が生きていけるよう、支援者は「当事者自身が〝自分を助けること〟を助ける」（自助の援助）存在であり、当事者が「孤立」せずにまわりの人とつながりながら〝自分を助けること〟ができるように生きていくことができれば『安心して絶望できる人生』（向谷地生良・浦河べてるの家著、生活人新書、2006年）になっていくというのです。

一人ひとりが当事者／主体として生きていくことの実現を目指しつつ、その一方でそれを社会／地域づくりと連動しておこなっている点にべてるの家のユニークさがあります。そのような支援をおこなっていく際の支援者の姿勢については、べてるの家のソーシャルワーカーでもあり現在は北海道医療大学教授でもある向谷地生良さんが『技法以前―べてるの家のつくりかた』（医学書院、2009年）のなかで明らかにしています。そして、そ

れを可能にする地域コミュニティについては、向谷地生良・小林茂編『コミュニティ支援、べてる式。』（金剛出版、２０１３年）で紹介されていますので、関心に応じてこれらの本も手にとってみていただくとよいでしょう。

　これらの本では、地域で精神障害をもつ人たちが、さまざまな権利を取り戻しつつ、主体として生きることを実現させていく際の視点や方法が具体的に描かれています。そこでは、支援者／被支援者、健常者／障害者といった線引きを超えて共に生きる人びとの姿が見えてきます。

　若者支援の文脈においても、支援者と若者とが協同し、支援―被支援という境界を越えつつ、共に生きることのできる社会をつくっていこうという考え方と実践が模索されてきています。若者支援全国協同連絡会編『「若者支援」のこれまでとこれから』（☞本書１２２頁）では、そのような実践のあり方を「協同実践」という言葉で表現しています。支援現場においてはともすれば一方的に「支援」される側に固定されてしまいがちな若者も、実は主体となって、自分の困難をもたらしている社会環境に向き合っていくことのできる存在です。ただ、そのように若者が当事者として「自分の課題と向きあう力」は、個人の努力のみで身につけていくことを期待されるものではありません。その力は、支援者もふくめ、当事者を取り巻く環境や「場」によって実現されてくるものであるからこそ、若者自身と支援者が協同の関係性を構築していくなかで問題に向きあい共闘していくことが重要であり、それこそが協同実践という言葉が指している中身です（pp.86-88）。

　また、社会のしくみにうまく適応できないために「問題がある」と考えられ、その処遇を自分以外の人々によって決められてきた人々（女性、高齢者、障害者、子ども、性的少数者、患者、精神障害者、不登校者など）が、自分のことを自分で決める権利を高々と宣言しているのが中西正司・上野千鶴子『当事者主権』（岩波新書、２００３年）です。当事者になること、当事者でいることは、時にしんどく、きついものです。だからこそ、一人で当事者として生きる強度をもつのではなく、支え、支えられながら当事者として生きていけるような営みが重要です。支援という文脈にとどまらず、学習、実践、運動といったあらゆる文脈において、この点を意識していきたいものです。

（阿比留久美）

中井久夫 著
『こんなとき私はどうしてきたか』
〔医学書院〈シリーズ・ケアをひらく〉2007年〕

日々活動していると、自分の実践が本当にこれでよいのか悩むことが少なからずあるでしょう——。実践には実に様々にままならないことがあり、そのなかで奮闘しつつ進めているとはいえ、もしかしたらとんでもなくズレていたり誰かを傷つけてしまっているのではないか。そのように考えこんでしまう自らの姿は、本を読んだり、誰かの話を聞いたりしながらイメージする「良い実践者」からは大きくかけ離れているかもしれません。

自分の実践はこれでよいのだろうか。そう悩んだときに、少し肩の力を抜きつつも、今の自分の悩みやとまどい、ためらいに向き合うことを支えてくれるものとして、本書を紹介します。数多く出版されている中井さんの著作から一つを選ぶことはとても難しいのですが、本書は講義録として語り口調で綴られているため読みやすく、また中井さんの姿勢のエッセンスが詰まっているように思います（ちくま学芸文庫・中井久夫コレクション全４巻もおすすめ）。

とは言いつつも、この本の良さを簡潔に説明することはなかなかハードな仕事です。それぞれの箇所を細かく挙げることはできます。例えば、患者さんの病理ではなく生活まるごとを見るという、精神科医として実際の患者さんとの交流のなかで築かれていった視点が本書には通底しています。「診断とは、治療のための仮説です。最後まで仮説です。『宣告』ではない」（p.12）とか、「われわれがもっと生活と身体とに注目することによって、患者が『病人性』から離脱していくことが重要」（p.152）だとか。

けれども例えば、何通りの「ほぉ」が言えるかといった自分が持っている相槌の種類の話や、患者さんに「オレは病気と違う!」と言われた時に「え？ 生まれてからずっとこうなのか!?」とびっくりしてみせた話、患者さんが安心して治ることができるのかを考えるという話など、一つひとつの小さな話のなかにも大きな魅力があるように思っています。それは、言葉の隅々に染みこんでいる中井さんの姿勢や思想が、文章に触れる読者をほぐすように響いてくるからでしょうか。

　こうした本は、即時に役立つ知識をくれるものとは言えないかもしれません。そうした知識というよりも、この本の魅力は「素朴に考えること」に私たちを連れ戻してくれることにあるのだと私は考えています。日々出会う人を、その人が訴えることをどう受けとめるのか、そこにかかわる自分はどう〝在る〟のか。いろんな条件に囲まれて、いくつかの知識や経験やイメージが錯綜して、懸命になるほどにどこか硬くなってしまう自分を、この本に綴られている一つひとつの言葉がほぐし、励ましてくれるでしょう。

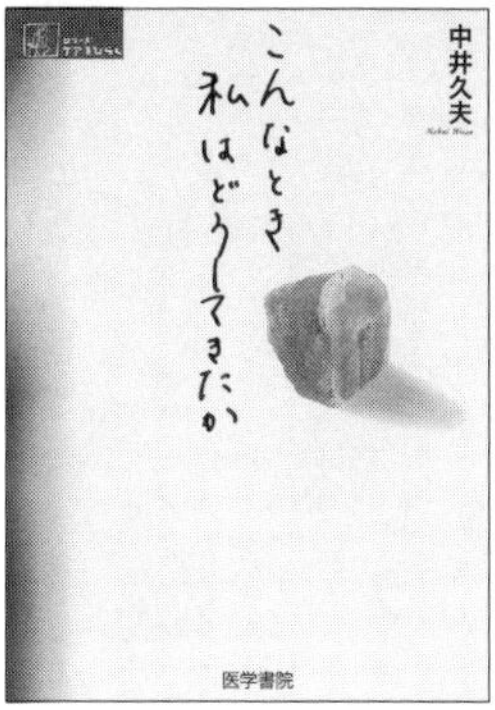

　さらに、尾崎新さんが編者となっている『「現場」のちから』（誠信書房、2002年）や『「ゆらぐ」ことのできる力』（誠信書房、1999年）もおすすめです。尾崎さんは、実践者の苦悩や葛藤や迷いを「ゆらぎ」という言葉であらわし、この「ゆらぎ」のなかに価値を見出しています。実践のなかで迷い続けることはエネルギーが必要です。迷いつづけ疲弊したり、焦ったりすることもあるでしょうし、実践のなかではひとまずの決断を下さなければならないこともたくさんあります。そうしたなかでは、迷いや葛藤はマイナスのイメージになりがちです。しかし尾崎さんは、ゆらぎは「決めつけ」とは対極の性質をもち、視点の振幅性をもたらしうると言うのです。この言葉は、現場で悩み続ける実践者一人ひとりを支える力を持っているように思います。ここからさらにソーシャルワークに興味がある方には、須藤八千代さんの『ソーシャルワークの作業場』（誠信書房、2004年）もおすすめします。

　ここで紹介した本は〝手法〟ではなく、支援者の〝在りよう〟を問い、示し、読者に考えさせる本です。方法論に支配されることから、実践者としての自らの〝在りよう〟を改めて問うことへ、私たちをうながします。実践者として、どう〝在る〟のか。このことこそが、実のところ、実践の根底を支えているものではないかと思います。

（岡部　茜）

宮地尚子 著

『環状島＝トラウマの地政学』

［みすず書房・２００７年、新装版２０１８年］

パックリと開いたままの生傷。ジクジクとうずき続ける古傷。支援の現場で出会う若者たちが、実はこんな痛みを抱えているということは、珍しくありません。それが字義どおりの傷であれ、比喩としてのものであれ。「過去の出来事によって心が耐えられないほどの衝撃を受け、それが同じような恐怖や不快感をもたらし続け、現在まで影響を及ぼし続ける状態」（宮地尚子『トラウマ』岩波新書・２０１３年）（p.3）のことを「トラウマ（心的外傷）」と言います。

トラウマをめぐる語りは、さまざまな感情を呼び起こし、語り手だけではなく聞き手も、そして彼らを取り巻く周囲の人びとをも揺るがします。トラウマとは、言葉では伝達することができない、人間が受け容れることのできる限界をこえた出来事だからです。

私たちはしばしば、トラウマからの距離が近く、受けた被害が大きい人ほど、その出来事について発言する権利を持ち、実際に多くを語ることができると考えています。そのため、被害者の語りが過剰に求められる一方で、語り手の立場や出来事からの距離によって「なぜあなたがその問題について語ることができるのか？」と、語る権利や内容の信憑性への問いが繰り返されてきました。

しかし、精神科医として臨床現場に立ちながら、医療人類学者としてトラウマを社会・文化的にも研究してきた筆者は、実際にはその逆で、トラウマの中心にいる人ほど語ることが困難である、と指摘します。そして、本書において、「環状島」という真ん中が窪んだドーナツ型の島のモデルを用いて、トラウマをめぐる人びとの立ち位置とその力動を描き出しています。トラウマをめぐる様々な関係者が位置づけられる「環状島」モデルは、自身の位置を具体的な地形図に落とし込むことによって、自分自身の位置をつかみ、現場でどのような混乱が生じているのかを指し示す、実用的な「地図」の役割を果たして

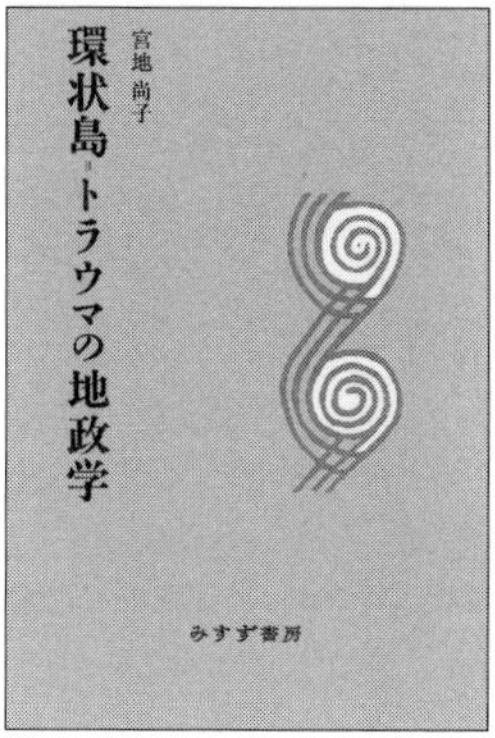

くれます。

例えば、被害者と支援者の間に起こる齟齬。若者の言葉や行動を、しばしば支援者は理解することができません。時間をかければ分かりあえるという期待は、何度も容易に裏切られます。また、「トラブルを繰り返すやっかいな子」といった側面ばかりが焦点化されて対症療法的な支援が行われ、その背景にまで光が当たらないこともあります。

こうした状況をどう考えれば良いでしょうか。「環状島」モデルから導き出される答えのひとつは、「これらの若者たちは、支援者が理解できる言葉を実際に発することができない」ということです。

図に示されているように、「環状島」の真ん中の中空となっている地点は、〈内海〉。トラウマの最も中心であるここに位置するのは、最も大きな被害をうけながら語ることができない者、つまり死者たちです。少し上がった〈内斜面〉には、生き延びて、何とか証言をすることのできる人がいますが、こうした被害者の発する言葉は不安定で不明瞭です。「トラブルを繰り返すやっかいな子」が立っている場所は、実は〈内斜面〉かもしれません。そうであるならば、「語ることができる」という前提から生じていた齟齬を可視化し、「語ることができない」というところから出発することが、現場での混乱を減じることにつながるでしょう。

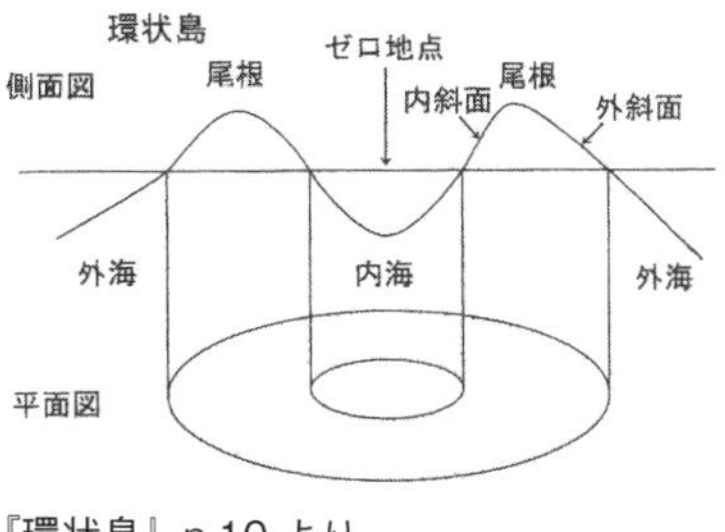

『環状島』p.10より

さまざまな暴力が絶えないこの社会において、トラウマを抱え、傷つきながら生きる若者たちとともに在ろうとすることは、決して容易なことではありません。しかし、例えば、当事者が語ることのできないことを代弁すること。日常的な関わりを通して、トラウマの「ずっと手前」での支援をすること。混乱や葛藤がうずまく「環状島」に立ち、支援者自身が揺れながらも支援の現場にとどまり続けること。トラウマを精神医学や心理学の世界だけに追いやってしまわず、こうした地道な実践を積み重ねていくことは、計り知れない価値を確かに持っています。

（島本優子）

ジュディス・L・ハーマン 著（中井久夫訳）

『心的外傷と回復〈増補版〉』

［みすず書房・1999年］

「心的外傷」という言葉には、馴染みのない人もいるかもしれません。トラウマ体験といったほうがピンとくる人も多いでしょうか。日本では阪神淡路大震災以降、メディアでも頻繁に使用されるようになりました。

心的外傷とは、「暴力と死とに直接に個人が遭遇すること」であり、「人間を極限の孤立無援感と恐怖とに直面させ、破局反応を引き起こさせる」ものです（p.47）。たとえば、戦争、レイプなどの性暴力・家庭内暴力、虐待などはその例です。こうした外傷体験によって、その後も強い恐怖感や無力感を抱いたり、フラッシュバックによって繰り返しその事件を再体験したりするのが、心的外傷後ストレス障害（PTSD）というわけです。

ハーマンによれば、外傷体験の中核は、無力化と他者からの離断です。人は完全に無力化され、どんな抵抗も無駄だという状況に陥ると、主体性やその状況と闘おうとする気概を失い、深い受け身感覚、「マヒ」状態に至るとされています。誰も助けてくれないという圧倒的な無援感は、他者や社会への基本的信頼の感覚を粉々に砕き、孤独感や疎外感を強めます。これらの指摘は、いじめや職場暴力などを経てひきこもった若者たちの姿と重なるところがあるように思えてなりません。

また、外傷体験を生き残った人びとの回復について、ハーマンは、「回復の基礎はその後を生きる者に有力化（エンパワメント）を行い、他者との新しい結びつきを創ることにある」と考えました（p.205）。回復の過程は三つの段階にわけて示されていますが、なかでも外傷体験者が自らの体験について語る第二段階は、わたしが実践上もっとも示唆を得た箇所です。外傷体験について、深く具体的に語っていく作業によって、静止的であった外傷的記憶はかたちを変え、その人のライフ・ストーリーの中に統合されるようになるといいます。語りを繰り返すなかで、外傷的事件が強烈な感情を掻き立てず、人生

の中心の座を占めるものではなくなっていくのです。

とはいえ、その過程は簡単ではありません。語ることによって思い起こされる恐怖や喪失感は、並大抵のものではないでしょう。こうしたとき、ハーマンが注目するのがグループの重要性です。「似た試みに遭った人たちとの出会いは孤立感、恥辱感、スティグマ感を洗い流してくれる」のだといいます（p.341）。そして、独りでは圧倒されてしまうような大きな悲しみも、グループ内での理解と支持のなかでは表現することが可能となってくるのです。

わたしも、ひきこもり状態を経験した若者たちとともに、自らの経験や思いを語り合う会をおこなってきました。回数を重ねるうちに、相互に質問し合ったり、相手の話から感じたことを語ったりする若者が増えてきますが、その際の「わかる」「似ている」「同じ」といった反応が、かれらの孤立感を緩和しているのだろうと思えることが多くあります。また、他のメンバーが語ったことが刺激となり、新たな言葉を紡いでいく若者も少なくありません。グループは、「ストーリー再構成に対して強力な刺激剤」であり、「感情的支持を与えつづける力の源」なのです（p.352）。

ところで、本書は４００頁を超える大著です。その分厚さに思わず尻込みしてしまう人も少なくないだろうと思います。しかし、章を経るにつれて次第にズンズンと読み進める気持ちになっていくのが、この本の不思議な魅力の一つです。特に第4章「監禁状態」では、「いじめ」がどのような問題であるのか―徹底的な孤立化と無力化の過程であること―が、手に取るようにわかります。また、「回復」について述べている第2部には、支援者にとって実践のヒントになることが多く含まれています。関心次第では、心的外傷研究の歴史的経緯が書かれている1章を飛ばし、2章あるいは第2部から読み進めてもよいでしょう。

ハーマンのいう孤立無援感を打破していく回復の過程は、今日、さまざまな自助的活動・実践で広くおこなわれています。このブックガイドで取り上げられている当事者研究（☞本書１６６頁）などもそのひとつでしょう。合わせて深めてみることをお勧めします。

（原　未来）

上岡陽江・大嶋栄子 著

『その後の不自由―「嵐」のあとを生きる人たち』

［医学書院〈シリーズ・ケアをひらく〉2007年］

本書は、薬物・アルコール依存症をもつ女性をサポートする「ダルク女性ハウス」のスタッフである上岡陽子さんと大嶋栄子さんが「暴力をはじめとする理不尽な体験そのものを生き延びたその後、今度は生きつづけるためにさまざまな不自由をかかえる人たちの現実」（傍点ママ、p.3）を描いたものです。上岡陽子さんはサバイバー当事者であり、大嶋栄子さんはソーシャルワーカーと来歴は異なりますが、ダルク女性ハウスでかかわる女性たちの「症状にかき消されがちな言葉を、ひとりでも多くの人に届けられたらうれしい」（p.4）という思いで本書は書かれました。言葉にならない声、うまく表現できない声、伝わりづらい声、そんなさまざまなvoiceを、聴き取り、受け止め、理解しようとする真摯な筆者たちの姿勢に貫かれており、支援者と当事者双方が自己理解と他者理解をすすめることの重要性とそのための姿勢を教えてくれる本となっています。

この本では、依存症の人が育ってきた環境で形成された思考回路や回復のプロセスを説明したうえで、依存症の人にとって「相談」することや「グチ」を言うことは非常にハードルが高いことであるものの、家族の外の信頼できる相手に「グチ」を話せるようになることの重要性を説き、「『グチを聞く』ことが専門家の大きな役割なのかもしれない」（p.108）とまで言っています。しばしばいくつもの問題がからまったなかで困難な状況に陥っている当事者たちは、グチを言うことによって少しずつ自分の経験や感情を整理し、解きほぐすことができるようになるからです。自己肯定感が低く自分のことを愛することができないことの多いサバイバーにとって、グチを言える相手がいることの豊かさを感じることが「信頼をためていく」ことにつながるという提起は、〝専門家〟や〝支援者〟がなんのために存在していて、当事者とどのような姿勢でつきあっていくのかの重要なカギを示し

ているといえます。

また、感情・行動に体のバイオリズム（生理など）が影響を与えているという説明は、生きがたさの遠因を示すものになっていますし、〃支援〃の盲点となりがちな部分といえるでしょう。

薬物やアルコールへの依存から抜けたあとの「その後の不自由」を生き延びるということは、当事者にとっては生まれ育った環境からの影響や余波を受けつつ、自分や周囲の人々との関係への理解を深め続けながら生き延び、回復しつづけていくことであり、その「不自由」のなかで生きていくということでもあります。「その後の不自由」を「生き延びるための10のキーワード」のひとつとして、「〃はずれ者〃として生きる」という項目が挙げられています。このキーワードでいいたいことは、〃社会生活〃に適応していくのではなく、むしろはずれたままで〃はずれ者〃として生きることが必須の方法であるということです。この方法は依存症の人だけでなく、社会のなかで生きづらさを抱えているあらゆる人にとっても救いとなるでしょうし、妙薬となるでしょう。

回復とは、「自分がさまざまなものへのめり込みながら逃れようとしてきたこと、忘れようとしたことをなかったこと」にせずに、「身体をはじめとした自分のメンテナンスを続けながら、生きるためのスキルを見つけていく」ことであると考えると、回復に終わりはありません。支援者・援助者は、当事者の終わりなき回復プロセスにつきあい、彼女たちが生き延びていけるよう〃ともにいる〃存在であること。その長い道のりを、当事者と支援者・援助者が緩やかなつながりのなかでともに過ごし、燃え尽きずに、自分とも相手ともぼちぼちつきあっていくための知恵と姿勢と愛が本書には示されています（上岡陽江＋ダルク女性ハウス『生きのびるための犯罪《みち》』イーストプレス、２０１２年、は本書よりも手に取りやすい造りになっています）。

犯罪という行為は単純に〃悪いこと〃とは言い切れず、彼女たちが生きのびていくために欠かせない手段となることもあります。このような視点は、若者にかかわる人たちが若者の行動をどのような枠組みで理解していけばよいか、ひとつのヒントをくれるものになっているでしょう。

（阿比留久美）

『生涯学習の展開―学校教育・社会教育・家庭教育』

久田邦明 著

［現代書館・2015年］

この本は教育学についての本ですが、おそらく大半の人が想像する教育学とは全く違う観点から書かれているのではないでしょうか。「教育学の講義や本はどうして面白くないのだろう」という書き出しからも、著者である久田さん自身が一般的な教育観とは違う立場を意識してこの本を執筆していることがわかります（p.3）。

一般に教育といえば、「学校」を思い浮かべる人が多いのではないでしょうか。歴史的にも、近代社会の担い手を育てる営みが「教育」と位置づけられ、そうした「教育」をおこなう場として「学校」が設定されてきたのだといえます。一方で意図せずにさまざまなことを学び、身につけていくことは「形成」と呼ばれますが、こちらは「教育」とは分けてとらえられがちでした。しかし実際には人は身のまわりのあらゆる出来事から学び、影響を受け続けていくものです。久田さんはこうした観点から、教育を学校モデルに限定せず、より広い概念としてとらえ直すことを提案しています。

それでは、久田さんの言うところの広い意味での教育とは、具体的にどのようなものなのでしょうか。久田さんはその現代的なあり方の一つを、コミュニティカフェに求めています。人びとの生活の中に深く根付く場であり、多様な人びとと交流する機会がつくられることで、人びとが結果として多くのことを学んでいくことが想定されているのです。こうした事例から垣間見える教育とは、事前に到達点や学ぶべき内容が決められているものではなく、自らの生活に軸足を置き、そこから派生する興味や関心を軸としながら、他者との関係のなかで展開していくものなのだと考えられます。本書を通した久田さんの関心は、一貫して教育概念の拡大にあり、「学校教育だけが教育ではない、ということを、若者に向かって声を大にして訴えたい」という記述からも、そうした思いを読み取ることができます（p.3）。

また、こうした教育観は、実は最近になって急に生み出されたものではないことも、久田さんは論じています。具体的には説経や講、昔話、地蔵菩薩など、人びとの生活の中に深く根付き、重要な知識や知恵を伝達するものとして機能してきた事柄が、広い意味での教育の機能を担ってきました。抑圧に対しひたすら耐えることを説くなど、ときに民衆の生活の閉塞感や孤立感といった暗い部分を含み込んでいましたが、これも民衆的性格の表れと言うことができます。また、近代学校制度との大きな違いとしては、知識や知恵を伝達する側の意図を越えて、双方の関係そのものとして展開していたことが指摘されます。地蔵菩薩についてのエピソードがその典型例であり、無意識であっても子どもを思う通りに動かそうとする大人の思惑が指摘され、課題化されています。

しかし、改めてこの本の内容を見返してみると、扱われる事例の幅の広さや知見の深さに驚かされます。学校教育の再検討から教育家という存在の何たるかについて、事例としてのことわざや説経、そして近代化が進む時代の教育家たちの検討に、広い意味での教育を現代に伝える系譜としての「居場所」やコミュニティカフェへの言及など、次々と展開していく話題に圧倒されて、一読しただけでは全体像を掴むことができないかもしれません。それでも平易な文章で、ときにシニカルに書き連ねていくスタイルで、全体的に読みやすく構成されていますし、関心を持ったトピックから読んでいくこともできるようになっています。既存の教育観に限らず、さまざまな現場に内在する「教育」の視点から非常に多くの示唆を得られる本であるはずです。

関連する書籍として、久田邦明『生涯学習論』（現代書館、２０１０年）をあげておきます。久田さんのもう一つの研究テーマである「茶堂」という施設から、人びとのつながりが持つ教育的な意義について検討されており、久田さん独特の教育観をさらに深く掘り下げていくことができます。また、教育観を学校教育に限定せずに拡大することを論じるものとして、萩原建次郎『居場所』（春風社、２０１８年）などもあげられます。近代化の中で教育領域から捨象されてきた価値は何だったのか、「居場所」をキーワードに描き出しており、久田さんの教育観ともかなりの部分で通じる内容となっています。

（大山　宏）

パウロ・フレイレ 著（小沢有作ほか訳）『被抑圧者の教育学』

［亜紀書房・1979年］

本書は、社会と向き合いながら、個の尊厳と自由の保障を求めていく教育実践・ソーシャルワーク実践の理論的支柱となっているものです。「対話」「主体化」「エンパワメント」など、実践現場ではなじみ深いさまざまな用語も、元をたどっていくと本書に行き当たります。

実践現場では、さまざまな疑問や戸惑いが生じがちですが、その問いが根源的なものであるほど、スキルなどでは解決しません。そんなときに、自分自身とその実践を支えてくれるのが、物事の本質を捉えた古典や理論書です。本書は、実践の根源に迫る深い内容になっており、あらゆる現場・角度から読み進められます。

本書を記したフレイレが長年向き合ってきた現場は、識字教育の実践であり、本書で主に展開されているのは、既存の知識をただ吸収しうまく引き出すことができる能力を高めるだけにとどまる旧来型の「教育」（「銀行型教育」）に対する徹底した批判と、それに対置されるべき教育実践（「課題提起型教育」）についての話になります。しかし、そこから得られる示唆は狭義の「教育」にとどまるものではなく、「人が人として社会のなかで生きていく」ために必要な営為すべてに通じています。

本書で提起されている論点は多岐にわたりますが、その根底にあるのは、〝自らが置かれている世界を掴む〟という学びの契機（「意識化」）です。いわゆる「支援」の現場では、困難をもたらしている状況を改善していくための「問題への対処」という部分に焦点が置かれがちですが、それが「対処」にとどまっている限りは、問題自体の「解決」には至りません。その問題を生じさせている社会の仕組みを、日々の日常生活のなかからつかみ取り、同じような境遇に置かれている他者との対話のなかで探求していく営みのなかにこそ真の解放があり、それを支えていくことが「実践」なのだと説いています。

社会的な抑圧・排除の問題は、抑圧された側ではなく

「抑圧する側」を問うための視座でもあり、それに向き合う実践もまた、社会の側から設定されている既存の枠組み・線引きの仕組みを捉え返し、自分たちなりの枠組みを構築し対置していくという営みが不可欠となります。そこから、〝抑圧状況で苦しんでいる人への支援〟と〝社会を掴むための学び〟と〝社会のありようを変革していく営み〟とが地続き・一体のものとして展開されていくこと、それこそがまさに社会に対峙していく実践となります。

そして、世界と対峙していくための対話を促し、触発していく存在としてある教育者の側もまた、渦中の当事者に学び育っていく「同志」として描かれています。近年は「支援者」に対置される存在として「当事者」という言葉が用いられたりすることもありますが、支援者の側もこの社会に生きる一員であり、当該問題に向き合う当事者の一人でもあります。支援する者―される者という二元論的把握を超えて、ともに学び育ち合う関係をつくっていくこと抜きには、社会的な抑圧構造を乗り越えていけないということが記されています。

ただ、本書は理論書でもあり、日々の現実に追われるなかでは、いきなり手を付けるのは難しい面もあるかもしれません。本書と同様のスタンスで、日本社会における実践に即して展開されているものとしては、このブックガイドでも紹介されている『教育と福祉の出会うところ』（☞本書154頁）や『ともに生きともに育つひきこもり支援』（☞本書128頁）などがあります。また、本書で展開されているさまざまな概念や論点をさらに深めていくためには、フレイレ研究の第一人者である里見実さんが記した『パウロ・フレイレ「被抑圧者の教育学」を読む』（太郎次郎社エディタス、2010年）が参考になります。

なお、三砂ちづるさんによる新訳（2011年、2018年）も出されていますが、フレイレ研究の専門家でもある小沢有作さんらによる元訳をおススメします。たとえば本書のキー概念である「問題提起型教育」（〝Problem-posing education〟）は、新訳では「問題解決型教育」とされていますが、フレイレが意図するのは問題の「解決」以上に「意識化」であり、そこを読み違えてしまうと、本書の提起をきちんと受け止めきれなくなります。訳語の問題も注意しておきたい部分です。

（南出吉祥）

第7章

実践現場の挑戦

7章では、さまざまな領域で展開されている実践に焦点を当てた著作を紹介します。扱っている題材は多岐にわたっています。日々取り組んでいる活動とは対象や課題・形態が違うため、これまで接点がなかった活動もあるかと思いますが、まったく別分野だと思っていた活動から、思わぬ発見があることも少なくありません。一つの実践にとどまっているだけでは見えてこない方法や観点を獲得していくことは、今の活動の新たな地平を切り開いてくれます。

また、自分たちとは異なるアプローチをしている実践について学ぶことは、「新たな知識の獲得」という側面だけでなく、対象となる活動を通して自身が取り組んでいる実践をより深く、より豊かに再発見していくことにもつながっていくでしょう。本章を通して、多様な実践との出会いと対話を体験してみませんか。

実践現場の挑戦1

〔山吹書店・2012年〕

「生きづらさ」を抱える子ども・若者の「しあわせ」を考える

『教育と福祉の出会うところ—子ども・若者としあわせをひらく』

竹内常一・佐藤洋作 編著

「教育と福祉をつなぐ」は、昨今の若者支援領域でよく耳にするフレーズのひとつです。その背景には、「学校教育」と「福祉制度」がそれぞれ別々の価値観によって営まれている制度であるために、同じ子ども・若者を目の前にしていてもかかわり方や支援の方向性が異なり、しばしば二つの制度の合間に子ども・若者が置き去りにされてしまうという問題があります。

また、家庭の経済状態や親の養育能力によって子ども・若者の生活基盤が不安定になることで、学校での通常の教育活動が困難になり、学校生活のなかで子ども・若者が抱えている生活課題が発見されることも少なくありません。福祉的な支援を必要としている子ども・若者が、「福祉的支援」を前提としていない学校教育の場からはじき出されてしまうこともあります。

本書は、「ことばの教室」から地域若者サポートステーションまで、子ども・若者の「しあわせ」のために地域や学校で生み出されてきた実践事例を通して、「教育」と「福祉」が出会うところで子ども・若者によって紡がれてきた物語を描き出します。

そこでは制度の合間に置き去りにされがちな「生きづらさ」を抱えた子どもや若者が、教員や支援者といった大人たちと「場」を通して出会い、言葉を交わし、関係性を築き、それぞれがそのかかわりにどのような意味を見出しているのかが率直に語られています。例えば、特別支援学級や「ことばの教室」など学校現場のなかで困難な課題を抱える子どもたちに向き合う教員による記録には、目の前の多様な子どもとのかかわりを通して、教員としての理念や価値観が揺さぶられ変化していく姿、そしてその教員自身の変化によって「場そのもの」が「教育と福祉の出会うところ」へと変容していく過程が描かれています。

もうひとつ、本書は私たちに「教育」とは何か？ と

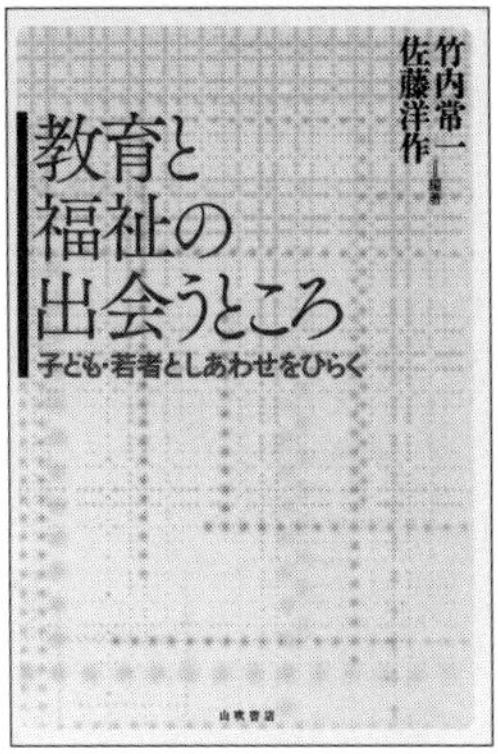

いう問いを投げかけます。

本書の後半では、学校教育や就労を通した社会参加から排除されてしまった子ども・若者の自立を地域で支える活動が取り上げられています。１９７０年代に地域の学習塾としてスタートしたＮＰＯ団体が、校内暴力やいじめ、不登校といった現象に揺れ動く「学校」からこぼれおちてしまう子ども・若者の受け皿となり、学びの場づくりからひきこもりの若者支援、就労支援へと活動の幅を広げていった過程は、「教育」とはなにかを、社会に問い続けた営みでもありました。そこにあるのは、教育や福祉の視点から切り取られることがないありのままの子ども・若者の姿であり、地域とのかかわりのなかで子ども・若者が育つ、地域に根を下ろした「教育と福祉の出会うところ」の実践のあり方です。

一方で、同じように地域における子ども・若者の育ちの場として機能してきた児童館や青少年施設・ユースセンターにおいても、教育や福祉の枠組みを超えた多様な実践が積み重ねられてきました。本書では触れられていませんが、不登校やひきこもりの子ども・若者に限定しない「すべての青少年」を対象とした青少年育成活動や社会教育の実践の中で子ども・若者が手にする学びは、「教育」とは何かを考える上で抜け落ちてしまいやすい、けれども重要な視点であると思います。

「生きづらさ」を抱える子ども・若者に向き合うとき、私たちは「教育」とはなにか、「福祉」とはなにか、そして、子ども・若者にとっての「しあわせ」とはなにかを考え続けることになります。本書は、その思考を促し、「教育」と「福祉」のより良い出会いの場を立ち上げていくためのヒントが詰まった一冊です。

また、学校教育現場の価値観をその内側に寄り添って理解する助けにもなるため、スクールカウンセラーやスクールソーシャルワーカーなど学校の内側で活動する支援者、学校ときめ細かな連携が求められる学習支援活動に取り組む団体スタッフにもおすすめします。

（尾崎万里奈）

居場所観に「？（ハテナ）」を感じたら　実践現場の挑戦2

子どもの参画情報センター 編
『居場所づくりと社会つながり』

［萌文社〈子ども・若者の参画シリーズ・1〉2004年］

〈居場所〉の定義や理論、そして実践にまつわる書籍がずいぶん出回るようになりました。しかし、いまなおその整理が模索されています。そしておそらく、これから若者の居場所づくりに臨む人や、現在居場所づくりの中で、自身の描く居場所観をうまく言語化できないと感じている人にとって、理論と実践のあいだの整理が欲しいと思うのではないでしょうか。わたし自身は、若者の成長を支える活動現場で若者とかかわっていますが、かかわりや関係性が豊かになればこそ、そこで若者から語られる居場所観もさまざまで、奥深いなぁと感じています。多義的に使われ、かつ主観が含まれるコトバなのでしょう。若者にかかわる実践現場を志向するならば、避けて通れないコトバであり、自身や若者にとって「居場所となりえているだろうか」「何をもって居場所と言えるのか」を考える場に直面することと思います。一方、子ども・若者の〈参加／参画〉については、子どもの権利条約やロジャー・ハートの「参加のはしご」（『子どもの参画』萌文社、2000年）などが実践者間で共有しうる整理・根拠として認知され、実践が繰り広げられてきました。いずれの実践も数十年の時が経ち、評価やファシリテーター養成などの段階へ移行していっています。

〈居場所〉〈参加／参画〉といったコトバが、いまなお問われるなかで、これから若者とかかわる方に、またはすでに現場でかかわりながら居場所や参加について模索している方に、本書は以下の点でオススメです。

本書は「子どものまち」、「冒険あそび場」「フリースペース」といった用語が社会教育関係の領域で定着し始めたころに出版されました。場を模索しながら取り組んできた実践者や、場づくりに参画していた若者たちの事例と声で構成されていて、実践者としての葛藤、問い、マインドはきっと惹きつけられ、共感できるエッセンスがあるでしょう。本書では〈居場所〉がどのように模索され

てきたのか、その変遷の一途に出会えます。

　また、子ども・若者が主体として場に参加するということについても、考えを深めることができるでしょう。すでにそういった実践を重ねている方にとっては、自身のかかわりを、少し俯瞰的に観るための準備運動になると思います。なお、理論や居場所づくり実践の意義を確認したい方は『若者の居場所と参加』（田中治彦・萩原建次郎編、東洋館出版社、２０１２年）も参照してください。

　さて、タイトルにある「社会つながり」はどのように考えたらよいでしょう？　本書では、居場所づくりの場ではない「場外」にも本人にとっての〈居場所〉があることに触れ、その居場所から社会へ移行していく若者の一例が取り上げられていますが、こうした記述からわたしたちは、大人との共同の場＝「場内」でかかわっていることを自覚させられます。若者の生活世界の中で起きている場づくり、コミュニティ、社会とのつながりのあり様には、「場内」の課題や顕在化していない社会課題への「問い」が含まれています。その一例にフリーターとしてストリートダンスのプロを目指す若者自身の執筆がありますが、彼からみれば、彼のコミュニティこそ「場内」であることでしょう。その世界観を大人社会はどうとらえていけるでしょうか。

　本書では、〈居場所〉への参画を通して、社会参画へとつながる実践にむけての提案が挙げられています。若者の成長を支えるうえで、若者の場だけをつくるのではなく、社会状況や若者がおかれている環境をとらえながら、場を醸成していくことが必要です。〈居場所〉がいまなお模索されているということは、常にアップデートしながら場をとらえていることではないでしょうか。本書の実践に出会いながら、〈いま〉若者がどのような社会状況におかれているのか、社会とどのようにつながり、つながっていないのか、考えるヒントになると思います。

　最後に、本書が複数の実践現場と、そこで出逢った若者たちの声で多く構成されていることを改めておさえておきたいと思います。あなたは、あなたがかかわる実践のなかで、出会う若者たちの声や自身が感じる違和感をキャッチしているでしょうか。そんな問いとともに本書を読んでもらいたいと願います。

（竹田明子）

『ひきこもり もう一度、人を好きになる―仙台「わたげ」、あそびとかかわりのエスノグラフィー』

荻野達史 著
［明石書店・2013年］

「ひきこもり支援」と聞いてどんなことをイメージしますか。一般的には、支援者が社会との接点を失い孤立して自宅／自室にひきこもっているその当人のもとをくり返し訪れては関係をつくり、彼／彼女を似た境遇の人びとがすごす居場所（「フリースペース」と呼ばれる）へと誘いだす。居場所を得た彼／彼女は、そこでコミュニケーションや人間関係の練習をしたのち、就労支援を経て、仕事の世界につながり社会的な自立を果たしていく――。こんな感じでしょうか。

民間支援活動のなかで試行錯誤され、整えられてきたこれらの支援手法のうちで最も重視され、その基盤となってきたのはフリースペースの実践でした。とはいえ、他ではあまり見られずなじみのないその場所で、「ひきこもり」という独特の困難を抱えた人びとがなぜ／どんなふうに回復していくのか、そのために支援者は何をしているのかといった「謎」について、第三者が丁寧に観察・記述・考察しているようなテクストは珍しい。

実践者の支援論ばかりが氾濫しがちなこの領域で、中堅の社会学者が10年以上にわたるフィールドワークの末、そこで見聞きしたことをエスノグラフィー（民族誌）の形式でまとめあげた異色の記録、それがこの本です。舞台となるのは、宮城県仙台市で（この本が対象とする2011年までに）すでに15年以上、「ひきこもり支援」活動をおこなってきた民間団体「わたげの会」。国の「ひきこもり」対策にさまざまな知見を提供したことで知られる団体でもあります。

この本はまずフリースペースという時空間で人びとがどんなふうにすごし、何がおこなわれているか、その理屈や意味を、荻野さん自身がそこで見聞きしたことやメンバー（利用者）、スタッフへのインタビューで得られたことばの丁寧な解釈から少しずつ明らかにしていきます。そこで浮かびあがってくるのは、一見無駄とされが

ちな「遊び」や、それを可能とする「余裕」を人生に取り戻すことこそが目指されている、という事実でした。

　フリースペースが取り組んでいるのは単なる居場所の提供に限られません。続くパートでは、自力で居場所につながれない人びとのためのアウトリーチやそうした若者たちを抱える家族へのアプローチ、居場所でそれなりに回復を果たした者たちがその外の社会に再びつながっていくためのスモールステップなど、フリースペースの運営と並行し、あるいはそれと重なり合うようにおこなわれている支援の諸活動が、「わたげ」のとりくみを実例にじっくりと観察・記述され、解釈されていきます。

　この本は、二つの点でユニークです。一つめは、これまで居場所の営みが記述される場合、その場の内側に視界が限定され、外部との接点や関係については観察・考察の対象から外されがちでしたが、この本はむしろそこに光をあてるかたちで居場所という営みの本質を抉り出しています。フリースペースとその外部社会との両方にまたがるように、内側から外側にはみだした「半外地」、そんな縁側のようなコミュニティ群がフリースペースの周辺に雑多に林立しているという像は、既存の居場所論のイメージを大きく刷新するものです。二つめは、一つめとも関連しますが、変転／成長する居場所、としてその営みが理解され記述されている点です。従来であれば、フリースペースは一種の静止画のように記述され、考察されるのが一般的でしたが、この本では、「わたげ小史」と題する居場所の発達史とともに、フリースペースから外部社会のあちこちに触手のようにのばされる「半外地」の消長がつかまえられています。さながらそれは、外部環境の変動にあわせて脈動し、そのサイズを変化させる生き物のようでもあります。居場所は生きている、というユニークなイメージ。

　こうしたイメージや視野の拡張は、粘り強く支援活動に寄り添い、意味解釈を継続した荻野さんのかまえによってはじめて可能となったものでしょう。支援実践と解釈実践の相互反照。この本では触れられていませんが、そうした共感的な第三者が伴走したことも、きっと大きくその居場所のありように影響していることでしょう。いわば「半外地」を内蔵するという支援実践のつくりかた。居場所のデザインに関心あるすべての人に、おすすめの一冊です。

（滝口克典）

『もしも「死にたい」と言われたら──自殺リスクの評価と対応』

【中外医学社・2015年】

松本俊彦 著

自殺や自傷行為は、日々の実践のなかで実際に頭を悩ませることがあるテーマです。そしてそれは、精神保健福祉センターなどの自殺の危険性が高い人を対象として想定している専門支援機関の人だけでなく、居場所や就労支援機関で活動する人、地域づくりにかかわる人なども例外ではないと思います。日本の若者の自殺死亡率は諸外国と比べて上位に位置し、G7の中では日本のみ、15歳から34歳の第一位の死因が自殺となっています（厚生労働省・2017年）。病気よりも事故よりも、自ら命を絶つ若者が多い。その事実は、若者の生活、そして若者の生活する社会のありようを考える上で、しっかりと認識し考えていく必要があるのではないでしょうか。

自殺や自傷行為に向き合う人びとは、たくさんの迷いやためらいや、時には大きな後悔や傷つきを経験します。かかわっている若者が自ら命を絶つ事態（あるいはその未遂）に出会った人のなかには、自殺の危険を察知していた人も、自殺など思ってもみなかったという人もいるかもしれません。前者であれば、察知できていたのに十分に対応できなかったといって、後者であれば、なぜ察知できなかったのかといって、自身や関係する人、団体を責めることがしばしばおこります。そうして何人かの人は「あのときの対応が悪かったのだ」と自分を責め続け、現場から去ってしまいます。また、実際に自死するには至っていないけれど、「死にたい」と訴える若者に出会う場合も、さまざまな葛藤を経験するでしょう。

自殺や自傷行為について、どのように、どこまで、誰が対応すべきなのか、今のような対応で良いのか。こうした実践的な問いにこたえてくれるのが本書です。

さて、これまで、「自殺」や「自傷行為」などと書いてきましたが、実際のところ、現場では、明確に「自殺」あるいは「自傷」とわかるような意思表示ではなく、ぼ

んやりと死をほのめかすような言葉や態度に出会うことのほうが多いように思います。それこそ、どう読み取ってよいのかわからない「死にたい」というつぶやきなどは代表例かもしれません。こうした言葉や態度は、自殺の問題であるかもしれませんし、自傷の問題であるかもしれません。例えば、かかわっている若者がオーバードーズ（過量服薬）をした場合、それが自殺未遂であるのか自傷行為であるのか、しっかりと自分の考えを言える人はそれほど多くないかもしれません。どちらかと判断できぬまま、その言葉や態度に向き合う場合もあると思います。そうした場合には、自殺と自傷行為について、それぞれにしっかりと学ぶ時間もないかもしれません。

しかし、自殺と自傷行為には、それぞれに異なる対応が必要なことも多いのです。そんなときに、まさに「もしも『死にたい』と言われたら」という題名がついた本書は、題名の通り、慌ただしい現場の切実な状況に大いに支えになる本です。

さらに、本書は理論を用いて説得的に自殺と自傷行為を説明しており、すでに自殺や自傷行為についてある程度学んだことがある人にとっても学びのあるものとなっています。例えば、自殺理論について、本書では「自殺の対人関係理論」という一つの考え方が紹介されます。「所属感の減弱」「負担感の知覚」「自殺潜在能力」の三つから自殺について説明するこのモデルは、なぜ人が自殺してしまうかを説明する議論であり、非常に興味深いものです（このモデルをしっかり学びたい人は、『自殺の対人関係理論』（トーマス・ジョイナーほか、日本評論社・２０１１年）も参照してみてください）。

さらに学びを広げるならば、高橋祥友編『セラピストのための自殺予防ガイド』（金剛出版、２００９年）をおすすめします。中学校、高校、大学での取り組みについて事例を用いて書かれている第3章〜第5章は、学校関係で活動する人には非常に参考になるでしょう。そして、実際に身近で若者が自死に至った場合には、そのことに直面した支援者にどのような心理的反応が生じるのか、周囲はどのように対応すべきかについて書かれている、カイラ・ワイナー編『患者の自殺』（金剛出版、２０１１年）を読んでほしいと思います。

（岡部　茜）

鳥取大学附属特別支援学校　著

『七転び八起きの「自分づくり」―知的障害青年期教育と高等部専攻科の挑戦』

［鳥取大学附属特別支援学校／今井出版・２０１７年］

鳥取大学附属特別支援学校は、２００６年に高等部専攻科を開設しました。国公立の養護学校としては、日本で初めてのことでした。専攻科とは、３年間の「本科」に加えて置かれるものです。盲学校や聾学校では、職業につながる性格を強くもつものとして、多くの高等部に専攻科がつくられてきました。しかし、知的障害のある子どもが通う養護学校には、数少ない私立の養護学校を除いては、専攻科が設置されてきませんでした。そうしたなか、鳥取大学附属特別支援学校は、一学年３人を定員とする二年制の課程として、専攻科を発足させたのです。

本書は、その専攻科の10年の歩みをもとにまとめられています。一つの学校の取り組みがもとになった本ですが、「理論編」では、知的障害のある若者の青年期教育をめぐる経過が整理されており、全国的な動向を学ぶことができます。

２０１７年度の「学校基本調査」によると、高等学校卒業者の54・7％が大学等に進学しており、16・2％が専門学校に進学しています。それに対して、２０１７年度の「特別支援教育資料」によると、特別支援学校高等部卒業者（知的障害）の進路は、61・5％が「社会福祉施設等」、32・9％が「就職」であり、「進学」は0・4％にすぎません。

中等教育後の進路が制約されている実態を背景に、特別支援学校高等部の教育は就労の準備に傾斜しがちです。近年では、「キャリア教育」が政策的に強調されるなか、学校に職場の環境を再現するようなことがされており、清掃などの作業が学校生活の大きな部分を占める実態がみられます。職場実習が長期間に及ぶことも多く、学校ならでは、青年期ならではの学習や経験がないがしろにされる傾向が存在しています。そうしたなか、一方では、幅広い学びや仲間との多様な経験を大切にし

ようとする流れが育まれてきました。じっくりと「自分づくり」をしていけるような豊かな青年期を障害のある若者に保障するものとして、特別支援学校の専攻科に期待が寄せられてきたのです。

専攻科の設置は実際には進んでいませんが、２０００年代後半から、「学びの作業所」「福祉型専攻科」などと呼ばれる取り組みが全国各地に広がっていきました。障害者総合支援法の制度を活用することで、知的障害のある若者の「学びの場」をつくろうとするものです。鳥取大学附属特別支援学校の専攻科は、こうした取り組みにも影響を与えてきました。

専攻科の教育課程は「くらし」「労働」「余暇」「教養」「研究ゼミ」という5領域で構成されており、それぞれの具体例が本書の「実践編」で紹介されています。お茶を飲みながら雑談を展開していく「くらし（ふれあい）」、地元の銀行職員や地域の音楽サークルを招いての「教養」、「救急車と救急隊」「ゴジラ製作の裏側」といった各自のテーマを深める「研究ゼミ」など、興味深い多彩な実践が並びます。そこにみられる特徴の一つは、「見守り支援」です。生徒の意思を尊重し、手や口を出しすぎない関わりを教師たちが心がけているのです。その背景には、本書の題にある「自分づくり」という言葉にも表れているように、若者たちの成長・発達を主体的な過程としてとらえる見方があるといえるでしょう。

本書の「調査編」では、専攻科を修了した32人に向けたアンケートや、修了生本人のインタビューをもとに、専攻科における教育・学習の意味が検討されています。そこでは、「自分たちで考えて話し合っていろんなことを決めた」「友だちと話しあいながらいろんなけいかくをしてでかけるのが楽しかった」「カリキュラムによる束縛が少なく、自主性に任せてもらえる初めての学校だった」といった声が出されています。「専攻科で学んで良かったこと」については、「研修旅行」「専攻科合宿」「研究ゼミ」という回答が多く、「話し合って決める活動」や「仲間と雑談」を挙げている人も少なくありません。研修旅行で「夕食（居酒屋）」（お酒は飲まない）が許されるような専攻科の魅力は、専攻科で学んだ本人たち自身が強く感じているようです。

（丸山啓史）

［生活書院・2012年］

『物語としての発達／文化を介した教育――発達障がいの社会モデルのための教育学序説』

津田英二 著

2005年に成立した「発達障害者支援法」を契機として、教育や福祉の支援システムが制度化されはじめ、各種メディアの発信や関連書籍の刊行などによって、「発達障害」という概念は急速に一般化しました。「発達障害バブル」とさえ言われるほど、発達障害の過剰診断も問題視されています。ひきこもり、ニート、不登校、ホームレスといった社会的に排除された人びとと発達障害は、いかにも関連の深いテーマです。排除状態に陥る要因を探っていくなかで、発達障害の問題にぶつかるケースは少なくありません。

たとえば、ひきこもり支援の現場で、さまざまな社会参加を試みつつも、「なぜかうまくいかない」「いつも人間関係を壊してしまう」という悩みをもつ若者に出会うとします。そのとき、支援者は「発達障害かもしれない」と考えて、障害の特性に応じた支援をおこない、社会への適応を図ることを目指そうとするかもしれません。このように「社会に適応できない」という個人の悩みを起点に支援をおこない、発達障害のある人の社会適応能力のみに問題を見出す考え方は、「個人の問題（個人モデル）」として発達障害をとらえていると言えます。

本書は、社会のこうした支援システムを「社会が問題なくスムーズに成り立つのを阻害する人びとを析出するために発達障がい概念が利用され、診断や療育を契機にして析出された人たちを医療の管理下に置き、正常化した人たちから順に社会に戻すといったプロジェクト」（p.146）だと約言します。「問題のある人」「迷惑な人」を特定する社会のあり方、特定の人たちにとって過剰に生きにくい社会のあり方を問題にし、発達障害を「社会の問題（社会モデル）」としてとらえる必要を提示するのです。発達障害の問題を「社会モデル」でとらえるということは、社会の一人ひとりが、「発達障がい者の存在を承認し、彼らの痛みを理解しようとする洞察力をもち、彼らとともに発達障がいに関わる問題に向き合おうとすること」(pp.146-147)を意味します。

しかし、社会の一人ひとりが、現実に発達障害にかかわる問題に向き合おうとすれば、さまざまな葛藤を抱えることになるかもしれません。葛藤を安易に解決しようとすれば、発達障害のある人の排除に帰結しかねない社会のなかで、「共に生きる」とはどのように実践できるのでしょうか。本書に登場する実践事例の一つに、東京都国立市公民館の「わいがや」という喫茶コーナーが出てきます。1981年に公共施設の中にできた障害者も共に働く喫茶コーナーの第一号店です。ここでは障害者を含め、さまざまな若者たちが喫茶という入口を媒介に、相互にかかわりを持つところから公民館での学習が展開しています。近年は発達障害や精神疾患があったり、ひきこもりや不登校の経験をもっていたりする若者が、関係形成を通じて自信を回復していくプロセスも報告されてきましたが、他方でたくさんのトラブルも生じます。たとえば、発達障害のあるスタッフが他のスタッフとの人間関係をこじらせ、活動に支障が出てしまうケースです。諸個人の関係性の葛藤が、共に場を大事にしようとするみんなの問題になり、解決に向けて話し合いを重ね、試行錯誤する過程に、意図しない学びも生まれます。

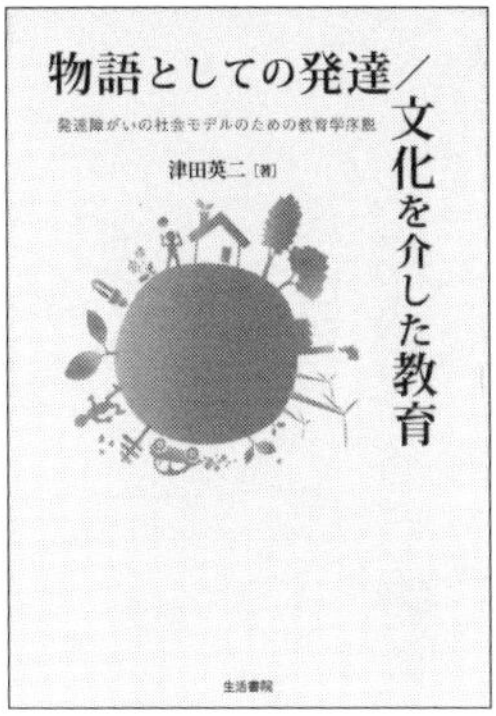

たしかに問題は容易に解決しません。しかし、その人自らが自分の人生を意味づける過程を見守り、その人とのちがいによって生じる葛藤を受け入れ、自分が当たり前だと思っていた価値観やその場の文化が揺さぶられ、互いが変容していく経験を共にすること自体に重要な意味があります。こうした学びを通じて、〈いっしょに物語を紡ぐこと〉(p.251)が「共に生きる」実践になります。

本書では、こうした自己教育・相互教育を重視してきた社会教育の価値が参照されながら、インクルーシヴな社会を目指す実践の拠点を「都市型中間施設」と呼び、そうした場が至るところにあるような社会を構想します。「共に生きる」ことが文化になる社会のために、私たちが地域で小さな実践を積み重ねていくとき、あるいはそこで生じる葛藤によって悩みこんでしまったとき、ぜひ手に取ってほしい一冊です。

（井口啓太郎）

［医学書院〈シリーズ・ケアをひらく〉２００８年］

『発達障害当事者研究―ゆっくりていねいにつながりたい』

綾屋紗月・熊谷晋一郎 著

当事者研究とは、生活上の「問題」（症状、人間関係や仕事などさまざまな場面や苦労における苦労や生きづらさ、生活課題）を、専門家が専門用語や病名で「診断」「解釈」するのではなく、その「問題」で困っているその人が当事者―苦労の主人公―となって、その「問題」を研究的に解明していこうとするアプローチです。個々の人の「問題」や困りごとを、自分から切りはなし、研究テーマとして捉えることによって、その背景や意味を仲間や関係者と一緒に読み解いていき、その人に合った「自分の助け方」や理解を見出していくことを目指しています。北海道浦河町にある浦河べてるの家が最初に提唱し、徐々に精神医療・精神保健領域を中心に活動が広がっていっています（浦河べてるの家『べてるの家の「当事者研究」』生活書院・２００５年、べてるしあわせ研究所・向谷地生良『レッツ！当事者研究１・２』ＮＰＯ法人地域精神保健福祉機構、２００９・２０１１年など）。

当事者研究は、何らかの「問題」を抱えた人が、支援の客体にされるのではなく、主体となって自分たちの問題にアプローチできる点に画期性があり、障害当事者の人たちの集う場での有効な支援方法のひとつになっています。実際、わたしも以前精神障害の地域活動支援センターで当事者研究のファシリテーターを2年ほどしていました。「当事者」の人たちにとって当事者研究の時間は、オープンに自分自身の「困りごと」を他の人と一緒に話し、自分の「困りごと」と他の人の「困りごと」の共通性や相違に気づき共感しあう時間でもあり、自分自身の「わからなさ」を整理する時間でもあったように見えました。わたし自身も、「支援者」である自分の枠組みで当事者の人たちの経験を整理してしまってやしないだろうかと自問自答しながら、当事者研究の場を共有することをつうじて自分のものの見方や人に対するアプローチをずいぶん鍛えてもらいました。

『発達障害当事者研究』では、発達障害当事者である綾屋紗月さんと脳性まひ当事者である熊谷晋一郎さんの二人で当事者研究がおこなわれており、支援者を介さずに、ピアの仲間同士でみずからの困難を読み解いている点に面白さとユニークさがあります。支援者の（無意図的なものもふくめた）誘導なしに、綾屋さんの生きる「発達障害の世界」がゆっくりとていねいに解きほぐされています。綾屋さんのおこなっている「当事者研究」は、まさに当事者の当事者による当事者のための当事者研究となっているといえるでしょう。

近年では綾屋さんや熊谷さんと共に（職業）研究者も加わりながら学術研究的に「当事者研究の研究」がおこなわれてもいます（石原孝二編『当事者研究の研究』医学書院、2013年）。当事者研究が大学のような研究業界においても「研究」として認知されていく動きは、カウンターカルチャーとして生まれた当事者研究が主流化していき、当事者の経験や知が正当なものとして認識されるようになっていることを示します。

綾屋さんの発達障害当事者研究に書かれている内容は、発達障害の人はもちろん、診断を受けていないけれども発達障害の傾向性をもつ人にとっても自分を理解する手がかりにもなりうるものになるでしょう。このように当事者の知が認められていくことは非常に重要です。

一方で、綾屋さんが明らかにした発達障害当事者研究は、あくまで綾屋さんの発達障害当事者研究であり、発達障害当事者研究の普遍的な知の形態を示すものではありません。当事者による当事者研究の発信は、ある属性をもつ個人の経験（研究）における知が権威化され、その属性をもつ人を代表する一般的内容として社会に受け止められてしまいがちな側面ももちます。

また、当事者研究が進んでいくことによって、自らの経験を言語化できる人／できない人との間で分断や葛藤が生まれ、「研究」の言葉になりづらい当事者の経験や知が排除されるものになりかねません。当事者研究を発信していくことは、自分を理解し生きやすくするものになる以上に、発信する知によって社会からの承認を得る手段になってしまうようなあやうさもあります。そのあやうさを用心深く認識しながら、当事者研究から垣間見られる豊かさを社会の中で生きることの豊かさにつないでいけるとよいと心から思います。

（阿比留久美）

裏社会からも学ぶ少女たちの支え方

『女子高生の裏社会――「関係性の貧困」に生きる少女たち』

仁藤夢乃 著

［光文社新書・2014年］

「JKリフレ」「JKお散歩」といった、女子高生による性的接触を含む（あるいはそれに限りなく近い）接客業で働く少女たちがいます。多様な背景をもつ少女たちが性産業の入口で働いているという事実を明らかにし、実際にJK産業で働く31名の少女たちへのアンケートやインタビューから解決策を導き出そうと試みているのが『女子高生の裏社会』です。

著者の仁藤さんが代表を務める一般社団法人Colaboは「すべての少女に衣食住と関係性を。困っている少女が暴力や搾取に行きつかなくてよい社会に」を合言葉に、中高生年代を中心とする、10代女性を支える活動をされています。仁藤さんには、高校生年代の頃に家庭や学校が安心できる居場所ではなかったため、1か月の内25日間を渋谷で過ごしていた時期があり、そんな当時の自身や友人たち、また現在同じ境遇にある若者たちを「難民高校生」と表現しています（当時の仁藤さんの生活や周囲の環境や現在の活動へとつながる経緯については、仁藤夢乃『難民高校生』英治出版、2013年に詳しい）。

この本を読み進めていくなかで、少女たちのつたない思考や行動に対して「自ら選んでJK産業に身を投じているのは少女たちの自己責任では」と思うこともあるかもしれません。しかし、本書のアンケートによれば、過半数が16歳以下からJK産業に足を踏み入れています。彼女らは、判断能力や自己表現力もまだまだ成長途上で、自分で選べる選択肢もなく、それは他の同世代の少女たちと同じです。むしろ、危うい判断をする前に相談したり、助けてくれる大人が身の回りにいないということが彼女らの困難さであり、それが副題にもある「関係性の貧困」という言葉で表されています。忘れてはいけない前提として、責められるべきは少女らの幼さゆえの危険な判断ではなく、そこにつけ込んでJK産業へと誘う大人たちであり、また、JK産業に行き着くよりも手前に安全なセーフティネットを整えられていない社会の側でもあります。

　この点について、仁藤さんは、少女たちが求めている資源（短時間で稼げる仕事、帰りたくない時に過ごせる場所など）を提供したり、心のケアや帰属意識、自尊感情を高めるような仕掛けをつくって、彼女らを巧みにJK産業に取り込んで留める大人たちを「居場所づくりのプロ」と表現しています。一方、支援者に対しては、少女たちのSNS上の発信をすぐに拾ったり、何度断られてもめげずに声をかけつづける、という意味で「〝援交おじさん〟を見習って」と投げかけています。

　また、本書ではインタビューに応じた少女らへのその後のかかわりとして、料理の仕方をゼロから教えたり、市民活動の現場にともに足を運んだりといった、彼女らが自立して生きていく力を得るためのサポートの実践についても触れられています。関係性の貧困という背景に目を向けると、目の前の課題を乗り越えることだけがゴールではなく、社会とのつながりなおしまでを伴走する息の長い支援が必要と言えます。

　私は、公的機関の支援員が、

本書で少女らが仁藤さんに語った内容を同じように聞き取ることはほぼ不可能だと考えます。仁藤さんがインタビュー時に遭遇したように、寝坊やバイトを理由に何度も約束をすっぽかされることが続くと、支援者側に半ば諦め感がただよい、少女はそれを敏感に感じ取って逆に大人を諦めてしまうでしょう。また、そういった経験をこれまで積み重ねていて、「大人」や「支援者」への拒否反応を持つ子とは、そもそも接触することも難しいでしょう（過去に受けた「支援」の失敗体験が影響して自ら支援を遠ざけ、より困難を極めていく構図への懸念は、鈴木大介『最貧困女子』幻冬舎新書、２０１４年でも指摘されている）。
　仁藤さんは自身の経験も含めて、追いかけ切れない支援者のイメージを変えようと「本当に困った時に頼ることができる大人」として相当の時間や労力をかけ、諦めずにかかわり続けてきています。少女たちが裏社会に身を置き、公的な支援を望まない／つながらない理由がどこにあるのかを、本書の少女らのインタビューや、少女らを利用しようとする裏社会の大人の振る舞いからも学ぶ姿勢が求められています。

（横関つかさ）

『若者就労支援「静岡方式」で行こう!!——地域で支える就労支援ハンドブック』

津富宏＋ＮＰＯ法人青少年就労支援ネットワーク静岡 著

［クリエイツかもがわ・２０１１年］

みなさんは、いわゆる困りごとを抱えた人に対する支援がどのようにおこなわれていると思いますか？ ある相談機関があり、そこに困りごとを抱えた人が自ら訪問して、その機関にいる専門家から支援を受ける。それも支援のあり方の一つです。他方で、それとは異なる支援方法についても、近年言及されています。そのなかでも、ある地域の困りごとを、その地域の人びと自身で解決する仕組みについて、注目が高まっています。「静岡方式」もその一つです。「静岡方式」による取り組みは青少年就労支援ネットワーク静岡という任意団体によって２００２年より始められたものです。この「静岡方式」では、地域全体で人びとが抱える困りごとをシェアして、地域で解決していく取組が展開されています。そもそも「静岡方式」は、働くことに困難を抱える若者に対する就労支援から始められました。そして、活動が長くなるにつれ、若者にとどまらずに、より幅広い年代に対する支援が展開されています。また、「静岡方式」の方法を取り入れて、支援をおこなう団体も年々増加しています。

「静岡方式」にはさまざまな特徴があります。例えば、「静岡方式」では事務所や施設などの支援の拠点となる「場」を持っていません。そのおかげで、時間にとらわれず、利用者の相談に臨機応変に対応することを可能にしています。そして、サービス提供に関して、原則無償でおこなわれていることも特徴の一つになるでしょう。また、就労支援をおこなう上で、利用者本人の希望を最大限に活かし、その職場での就労体験にスピーディに取り組める働きかけもあります。さらに、「静岡方式」に一度繋がった利用者が継続的に関わり続けるための、「静岡方式」に協力するボランティアのネットワークが存在することも特徴です。そこでは、「静岡方式」の利用者だった人も、将来的にボランティア側に回るという地域内での支援関係で循環していくことも目指されていま

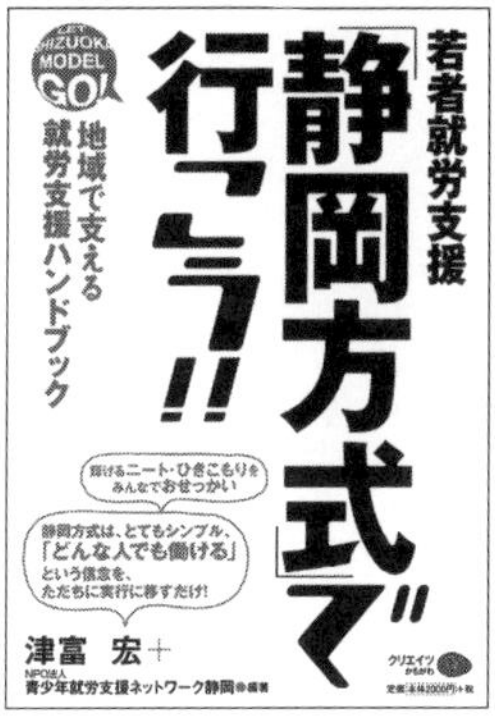

す。以上の特徴については、本書に詳しく書かれています。

「静岡方式」は、働くことに困難を抱える人びとに対して、〈その要因を把握・解決し、そこから就労に至るまでを長期間かけておこなう〉といったこれまでの常識とされた支援方法に囚われませんでした。「静岡方式」の場合、就労というゴールに一直線に向かう斬新な取り組みがなされています。そのスピーディな取り組みも重要ですが、常識とされる支援に囚われなかったという点がより重要なのではないかと思います。常識とされる支援方法は、一度は学ぶべきでしょう。しかし、それに囚われてしまうことによって、利用者の思いを考えずに、逆に支援をおこないやすいように、利用者をいつの間にかコントロールしてしまうことがあります。それだけ、支援者側は利用者の生き方に対して、権力を発揮してしまうことがあります。利用者の思いに焦点をおき、できるだけ素早く目標を達成しようとするという点に「静岡方式」の味わいがあるのではないでしょうか。

「静岡方式」では〈働きたくない人は誰もいない〉ということが自明とされています。しかし、これは私の考えですが、〈本当に働きたくないと思っている人〉も地域社会の中にいるのではないでしょうか。一般的にイメージされる就労支援のような、ひとつの生き方に集約させるような支援でなく、それとは異なる支援のあり方を提示したことが「静岡方式」のよさとすれば、「静岡方式」では漏れ落ちてしまう存在への支援のあり方についても想像しながら読むことも重要ではないかと思います。その上で「静岡方式」における就労の意味について、検討しながら読むことで新たな発見があるかもしれません。そして、就労のあり方について考え直す契機にもなるのではないでしょうか。

「静岡方式」が地域社会を充実させるための素晴らしい仕組みであることは間違いありません。そうした優れた事例を参照にしつつ、そこから新たなアイディアが生まれ、各地域に合った方法でその生活を充実させていくことを考えることも重要です。本書は、そのような相互扶助の社会をつくる運動を起こす動力ともなり得るでしょう。なお、生活困窮者支援でも静岡方式が取り組まれています（『生活困窮者自立支援も「静岡方式」で行こう‼2』クリエイツかもがわ、2017年）。

（相良　翔）

藤里町社会福祉協議会・秋田魁新報社　共同編著

『ひきこもり　町おこしに発つ』

［秋田魁新報社・2012年］

1990年代後半に「ひきこもり」が認知されだした当時、日本のいたるところで「親の育て方がわるい」「怠け病だ」と言われてきました。その後「ひきこもりガイドライン」の制定や「ひきこもり地域支援センター」の整備、「子ども若者育成支援推進法」の施行などによって制度的に進んだ面もありますが、地域で聞こえる声は未だ本人と家族の問題という認識のように私は思います。こうした言葉の端々がどういう意味をもつものなのか。その一つは、「ひきこもりの方に出会っていない」ということだと本書が教えてくれます。

「ひきこもりの方に出会う」というのはどういうことか、本書の内容を一部紹介してみましょう。主たる著者である菊池まゆみさんを始めとする藤里町社会福祉協議会が実践する「こみっと（正式名称：ひきこもり者及び長期不就労者及び在宅障害者等支援事業）」事業開始前、町内におけるひきこもり者の実数把握調査によって100名近いひきこもり状態の方がいるという事実が明らかになりました。それまで「こみっと」事業は単に若者版お楽しみデイサービスのような居場所として構想されていましたが、石頭をガツンと殴られるような出来事から方針を転換させます。それ以前には菊池さんが若者たちに対し「頑張って外に出なければいけないよ」と繰り返してきましたが、ある時ひきこもりの若者が社協職員に応募してきたのです。恐らく若者たちが働きたいということを想定外にしていた菊池さんは「そうだよね、働きたいよね」というつぶやきを漏らします。働けない人たちと決めつけているのは自分であることに気づいた瞬間だったのではないかと私は感じました。

さらに、菊池さんはちょっとしたきっかけが重なってひきこもり状態が誰にでも起こりうることに気づきます。私はひきこもり状態にある人と私たちの間に引かれた線を濃く太くしているのは私たち自身であると認識す

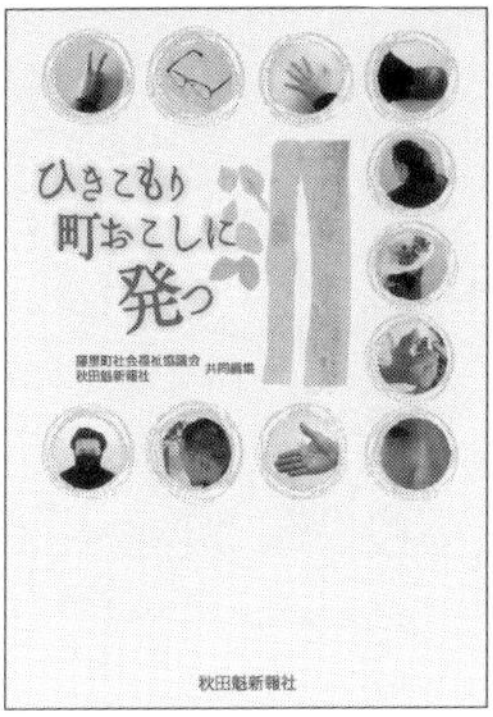

ることで、ようやくひきこもり問題に向き合うことができるのだと受け止めました。その後、藤里町社会福祉協議会は町内に100人もの活かされていない力があるという認識に立ち、いまよく知られた藤里町のひきこもり等支援を進めています。

さて藤里町のひきこもり等支援とは何か。端的にいえば支援する人もされる人も「こみっと」に集うひきこもり等の人たちと地域住民とが混ざり合い、相互に呼応する関係性によって活動が生まれていくような場づくりをしていることがわかります。拠点となる「こみっと」は各種団体の共同事務所、地域住民向けの会議室、お食事処「こみっと」など、さまざまな人が集うよう志向されており、登録すると、白神キッシュづくりやこみっとバンクなど各種の活動、就労体験・訓練メニューに参加できるようです。そのなかで、講師として呼んだ地域の商店主から「お食事処こみっと」のメニューがつまらないから一緒に新しいお食事メニューづくりをしようと提案され、実際に実現したことがあるなどといった逸話からは、相互的な関係がうかがえます。

藤里町社会福祉協議会は先駆的取り組みを行なっており、「うちの町ではできない」と引いてしまいそうになります。ですが私は、シンプルな実践なのではないかと感じました。それは、若者たちの働きたい気持ちを受け止め、ひとが「出会う」場をつくり、場で起きる化学変化に対して応えることで次なる事業に導かれているように思えたからです。

支援する人たちと支援される人たちが出会っていく局面と、その後の場づくりとの関連がより意識された類書として、日置真世『おいしい地域（まち）づくりのためのレシピ50』（全国コミュニティライフサポートセンター、2009年）があります（☞本書174頁）。日置さんは障害児の親として価値が揺さぶられる経験から障がいの見方を自ら問い直し、誰もが生活する当事者であることに気づきます。自らの課題と地域の課題を重ね合わせていく対話の場をつくり、支援者と被支援者が相互に入れ替わりうる地域づくりと社会事業の創出を実践してる点が特徴です。両書を合わせて読みながら、支援者としての弱さや、自己に向き合うことの怖さを持っていても少しも悪くないということを、私も実践者として行きつ戻りつ、考えています。

（湯浅雄偉）

『日置真世のおいしい地域《まち》づくりのためのレシピ50』

日置真世 著

［全国コミュニティサポートセンター（CLC）・2009年］

この本は、「場づくり師」と自称する日置さんが、地域をゆるやかに「革命」していった過程をふりかえる「地域づくりのレシピ本」です。

日置さんは、娘さんに障がいがあったことから、1994年に参加した障がい児親の会での活動をきっかけに、分離教育の枠を超えて娘さんと地域の幼稚園や小学校との交流を実現するなどの活動をしてきました。そこで出会ったさまざまな地域の当事者の「ニーズ」に対し制度や資源を組み合わせてサービスをつくっていくなかで、地域生活支援事業をおこなうNPOを立ち上げ、その事務局代表になり、広がっていく活動のなかで奔走してきました。その後現場から研究に軸足を移すなかで、それまでの一つひとつの取り組みがどのようなプロセスでできあがっていったかを、自身の経験や地域のなかにあった豊かな素材をつかって「おいしい料理」ができていくように紹介するのが本書です。

「幼稚園はできるだけ『近い』ものを選びましょう。親としての思いは、うんと熱してアツアツになったところを一気に入れて、冷めてしまわないように手早く進めます。途中で思いがけない意見を言われることもありますが、気にせず親の思いを信じてみましょう」(p.85)。

これは、日置さんが、どうして同じ地域に住むのに障がいの有無で娘は同世代の子どもたちと交流のない生活となってしまうのか疑問に思い、地域の幼稚園に交流の希望を申し出入れたときの経験を「レシピ」にしたものです。最初はどのように対応していいかわからなかった保育園の先生たちも、子ども同士が障がいの有無についての先入観なく接する姿を見るうちに認識が変わってゆき、日置さんの娘さんがいることが日常の姿となっていったそうです。住む地域をおなじくする「違い」ある者が、同じ空間と時間に自然に一緒にいる場がつくられたことで、互いに違いを受け入れ、変化することの可能

性を感じる経験であったと日置さんは語ります。本書にはほかにも、親の会がサロン活動をはじめるなかでさまざまなニーズに出会い地域でサービスを作り出していく過程や、法人格を取得し活動が広がっていくなかで感じた喜びや悩み、日置さんの認識の変化が、地域福祉の発展の貴重な軌跡として記されています。

こうした一つひとつの当事者のニーズをアクションにうつすことが地域をすこしずつ変えてゆき、そこで生まれる挫折や出会いもかけがえのない材料として地域に新たな取り組みがつくられていく「ゆるやかな革命」のプロセスが、いきいきと本書では記されているのです。

「レシピ」というユーモラスな表現で活動がどのような「材料」をミックスし出来てきたか語る日置さんの筆致からは、さまざまな人との出会いだけでなく、自身が感じられたカルチャーショックやとまどい等も含めてすべてが取り組みをつくることに不可欠な要素であったことが伝わってきます。そしてその「レシピ」は、今現在自身の環境に戸惑いや違和感を持つ同じ立場の人にとって、それが「おいしい料理」をつくるために不可欠なものであり、否定すべきではないことを伝え、勇気づけるのです。

日置さんは、「何が地域に求められているのか」「自分たちになにができるのか」にもとづいて取り組みをつくることが重要、と言います。そして、地域にあるものを総動員して支援を組み立てれば、どんなことでも解決できる、と言います。こうした取り組みは、地域になにが「必要か」そして地域に何が「ある」のかに目を向けています。そうして、（戸惑いや挫折という経験も含めて）自分たちに「ある」ものを地域の有する資源ととらえ、効果的につなぎ合わせコーディネートすることで地域を発展させようとします。この考え方は、近年「アセット・ベースド・コミュニティ・デベロップメント」として注目されたりもしていますが、日置さんは「場づくり師」という言葉にその思いを込めています。

みんなが「食べたいもの」を聞き、地域にあるものの良さを生かしてわいわいとDIYし、みんなで味わう。そのつくり方をレシピとしてシェアすることでゆるやかに生きやすい社会への「革命」がひろがる。「レシピ」という比喩には、あなたの地域でもそれができる、という奥深い意味が込められているのです。

（山田大地）

実践現場の挑戦12

『協同で仕事をおこす―社会を変える生き方・働き方』

[コモンズ・2011年]

広井良典 編著

フリーターやワーキングプア、ニートなどは、不安定な労働条件の雇用労働者や労働の場に所属を持たない無業者のことであり、総じて生活不安を抱える若年層を指す言葉として登場しました。依然、こうした若年層を本人の甘えや未成熟さに所以があると批判し、個人の責任に追いやる風潮があります。

しかしながら、今日の労働市場の様相を見れば、一部の若年層だけの問題でもなければ、自己責任としたところで、何ら解決の緒が見つかるわけでもないことは一目瞭然です。既に非正規雇用も常態化しており、これまで信奉されてきた、年功賃金・終身雇用・企業別労働組合といった日本型雇用慣行は脆弱なものとなり、誰にとっても、働き続けながら暮らしていくことが困難な社会になってきたといえるでしょう。

こうした資本主義社会における雇用労働のあり方に対峙する、もう一つの働き方として「協同労働」という形態・考えかたがあります。協同労働は、欧州から始まり、日本でも1970年代に失業者を中心とする労働者運動として広がりました。

本書は、日本の協同労働運動を牽引してきた日本労働者協同組合連合会により刊行された一冊であり、協同労働とはなにかについて、その理念や原則、また、具体的な実践例から学びを得ることができる入門書です。

この協同労働とは何か、一言で言えば、「雇われない働きかた」といえるでしょう。具体的には、事業を始める際に、そこで働こうとする人びとや地域に暮らす市民が自らお金を出し合い、みんなで方針を決定し、みんなで働く、という取り組みです。通常の会社では「雇う側／雇われる側（／出資する側）」に分けられますが、協同労働では誰もが経営者であり、同時に労働者になります。出資額の多寡は問わず、一人一票制による民主的運営を原則としています。組織維持や利益追求が「目的」

で人が「手段」になる従来の働き方ではなく、まず人がいて、その人びとの「暮らし」（その人なりに働き生きていくこと）を実現するための「手段」として組織・労働が位置付けられていく、という回路になります。

こうした協同労働の考えに基づいて組織化された組合を労働者協同組合（workers co-operative＝ワーカーズコープ）と言います。このワーカーズコープは、一人ひとりが主体的に働くことのできる場をつくり、運営することだけを目的としているわけではありません。ワーカーズコープの目標は、F（Food）E（Energy）C（care）が自給できる地域づくりであるとしています。Fは農業であり、Eは自然エネルギーの開発や運用、Cは主に介護などの福祉事業を指します。いずれも、これまで、産業発展を名目に自然資源の乱用や乱獲など経済的リターンを重視するあまりに軽視されてきた自然環境の大切さや一人ひとりの暮らしに向き合うことに価値基盤をおき、協同原則に基づいて生産していくことを理念としており、これらの生産活動を「よい仕事」と定義しています。この協同原則とは、「働く者同士の協同」、「利用者（受益者）との協同」、「地域（市民や各種の地縁団体など）との協同」の三つの協同を意味しています。2013年現在、全国各地に広がるワーカーズコープでは、約一万二千人が「良い仕事」に従事、270億円規模の事業にまで広がっています。

しかしながら、すべての事業や取り組みが順風満帆に発展してきたわけではありません。さまざまな苦悩や葛藤を抱えながら、ときには、ワーカーズコープが、さらなる失業者を生み出しかねない経営的危機に直面してきたことも本書からうかがい知ることができます。こうした局面に対して、労働者同士が支えあいながら、なんとか乗り越え、ここまで成長を続けてきた経営のリアリティをつかむことができる点も本書のすぐれた点です。

こうした協同労働が必要となる背景や今後の産業発展の方向性、可能性について、理論的に学ぶためには、本書編者である広井良典さんの『ポスト資本主義社会』（岩波新書、2015年）や『人口減社会という希望』（朝日選書、2013年）をお勧めします。なお、ワーカーズコープについては、日本労働者協同組合連合会編著『協同労働の挑戦』（萌文社、2016年）を手に取ることで、より学びが深まることと思います。

（川本健太郎）

人間らしく働ける場をつくる

実践現場の挑戦13

『共同作業所のむこうに──障害のある人の仕事とくらし』

きょうされん 編

［創風社・2012年］

人間らしく働ける場とは、どういうものでしょうか。本書でも触れられているように、「会社のみんなの前で怒られた」「一人だけ草むしりを一日中させられた」など、一般企業で傷つく経験をして「作業所」にたどりつく人がいます。本書は、「作業所」を主役とするものですが、働く場において大切なことを考えさせ、企業などのあり方を問いかけるものでもあるでしょう。

1960年代後半、多くの障害のある人が「在宅」の生活を強いられていたなか、「働きたい」「仲間がほしい」という願いをもとに、障害のある人が働く共同作業所をつくる運動が始まりました。そして、1977年には16か所の共同作業所が参加して、きょうされん（旧称：共同作業所全国連絡会）が結成されます。現在、きょうされんの会員は、グループホームや相談支援事業所などにも広がり、二千か所近くに及んでいます。

きょうされんは、節目ごとに、『働くなかでたくましく』（全国障害者問題研究会出版部、1979年）、『ひろがれ共同作業所』（ぶどう社、1987年）、『みんなの共同作業所』（ぶどう社、1997年）などを刊行してきました。

きょうされんの結成から35年を経て出された本書では、全国各地の「作業所」の取り組みがまとめられています。精神障害や発達障害のある人が働いているところもあれば、知的障害のある人を中心とするところもあり、中途障害の人たちが働く場もあります。仕事の内容もさまざまで、豆腐づくり、パンづくり、お弁当づくり、レストラン、養鶏、メール便の配達、公共施設などの清掃など、多岐にわたる仕事がつくりだされていることがわかります。

本書では、単に「作業所紹介」がされているわけではありません。それぞれの「作業所」で働く人の姿が描かれており、それを通して何が大切なのかを考えることができます。

考えたいことの一つは、働くことの意味です。本書では、給料が増えることで障害のある人たちの意識や生活が変わっていく様子が記されています。障害のある人の給料保障や所得保障は、重要な課題です。ただし、共同作業所づくり運動においては、経済的報酬だけが働くことの意味として考えられてきたわけではありません。

働くことは、社会のなかで「一人の大人」「一人の労働者」として認められることにつながるかもしれません。「人の役に立つこと」や「人に感謝されること」は、本人に喜びや自信をもたらす可能性があります。本書では、さまざまな角度から働くことの意味に光が当たります。

ある「作業所」では、「（企業で）働いていたころの充実感や誇りを取り戻したい」と言っていた人が、豆腐の販売で活躍するようになっています。別の「作業所」では、清掃の仕事をする人が、「いつもきれいにしてくれてありがとう」という老人ホーム入所者の言葉を胸に、仕事と自分への自信を深めています。

共同作業所づくり運動のなかでは、「働くなかでたくましく」という言葉が語られてきました。その言葉の具体的な内実を理解する手がかりが、本書のなかにあります。

「働くなかでたくましく」を実現するうえで重要になるのが、障害のある人が人間らしく働けるように職場や仕事をつくり変えていくという視点です。共同作業所の実践をめぐっては、「仕事に障害者を合わせるのではなく、障害者に仕事を合わせる」といったことが言われてきました。

本書でも述べられているように、共同作業所においては、障害のある人が労働に参加できるよう、作業工程を細かく分けたり、作業内容をわかりやすくしたりすることがされてきました。また、一人ひとりが温かく受け入れられる仲間集団をつくること、共同作業所を安心できる居場所にしていくことなどが重視されてきました。そうした視点は、「作業所」だけでなく、一般企業にも求められるのではないでしょうか。

（丸山啓史）

「まなびほぐし」による解放と地域の再編成

苅宿俊文・佐伯胖・高木光太郎 編
『ワークショップと学び』シリーズ全3巻

〔東京大学出版会・２０１２年〕

ワークショップによる「まなびほぐし＝アンラーン（unlearn）」が私たちに拓く可能性をさまざまな観点から検討するのが本書です。

「まなびほぐし」という概念は、鶴見俊輔が「型通りにセーターを編み、ほどいて元の毛糸にもどして、自分の体に合わせて編み直す」（第1巻 p.i）営みと端的に比喩しているように、自分が一度「学んでしまった」認識の型を相対化してときほぐし、自分に合わせて、また他者との出会いのなかでまなびなおすことを繰り返していく、不断の変化のプロセスのことを指します。そこでは「揺らぐこと」や「混乱」、「戸惑い」や「躊躇」といったことが変化に不可欠な創造的なプロセスとして肯定され、新たな型が生成されるためのダイナミズムとして尊重されます。本書では、その際、異なる他者同士が出会い、互いの身につけた「型」を時に身体を使いながらぶつけあい、こわし、新たな型を共同生成する「ワークショップ」が、「まなびほぐし」をもたらす具体的手法としてその意義を掘り下げられ、「まなびほぐし」のプロセスとしてどのように確立していくことができるかが検討されています。本シリーズは、「まなびほぐしとは何か」を学習論の系譜との関係から考える**第1巻『まなびを学ぶ』**、「まなびほぐし」の手法としての「ワークショップ」が現場での実践でもたらした変化の実例をまとめた**第2巻『場づくりとしてのまなび』**、そうしたワークショップの手法や技術、評価や分析のあり方を検討する**第3巻『まなびほぐしのデザイン』**からなっています。

本シリーズが若者支援において意義を持つのは、若者、そして支援者自身もが身体化しとらわれている規範や自明視させられているさまざまな前提を、「まなびほぐし」によって自覚・緩和・解放し、支援者―被支援者という関係性をも再編成して、協働で新たな認識を生みうるという示唆が「ワークショップ」という具体的手法

に基づいてなされている点です。

戦後、「標準的」とされた、学校を卒業し正社員となって結婚し家庭を持つというライフコースは、それを成り立たせてきた社会経済的な条件が成り立たなくなった以後も規範的な価値観として残存し、「そうなれない」若者にスティグマを刻印しています。他方、そうした若者に対して今日もはや成り立ち得ない「標準的」ライフコースへの復帰へと若者を「支援」しようとする支援者も意図せざる不幸な結果をまねくことに寄与してしまうこととなります。そうしたとき、集合的に自分たちがなにを前提＝是として思考しており、なにをおそれ、なにを望み、なにを問うことを禁じてきたかまでも問い直し、そして認識をつくりなおすことをもたらすこうした具体的手法は、若者だけでなく支援者、そして若者の周りに存在する人にとっても有益なこととなるでしょう。

かつて私が聞き取りをさせていただいた元教師の実践者の男性は、かつて大変厳しく生徒に接する教師だったそうですが、地域で若者に接するうち、若者のおかれた状況に対する認識が変化していき、自身の若者への接し方をふりかえるとともに、若者の人生にとって地域になにが必要なのか考え直すようになった、と述べておられました。その実践者の働く支援機関には自然と若者が集まり、若者が一日をすごす居場所となっていました。

こうしたエピソードは、私たちに「学び」や認識の型を（権威をもって）身につけさせる学校が、若者もそして教師をも定型におとしこみ息苦しさと逸脱に対するスティグマをうむことを示しています。そして他方で、立場がかわりさまざまな背景を持つ若者と接するうちに、自然に自身のなかで「まなびほぐし」がなされたことで、若者にとっても過ごしやすい関係性がつくられ、地域にも変化をもたらしていることを示しています。

今日、若者支援では、地域内で組織が連携して支援をおこなう実践がなされ、試行錯誤に伴う実践知・経験知が蓄積されています。これは、地域社会が、困難な状況にある若者を「支える」ために自身の在り方を連携のなかで再考することで、あらたな型をつくる「生成のプロセス」にあるといえるかもしれません。そうした意味で、社会全体も、若者によって「まなびほぐされている」のです。

（山田大地）

実践現場の挑戦15

［ころから・2017年］

〈あそび〉と〈すきま〉をとりもどす！

『あそびの生まれる場所――「お客様」時代の公共マネジメント』

西川正 著

世の中でおこなわれているさまざまなことが、目的や効用を求めておこなわれていて、役にたつのかどうかはっきりしないことは社会的な「居場所」を得ることがむずかしいのが近年の状況です。若者支援分野でも、特定の状況の人のみを対象としたターゲット型支援が幅をきかせ、あらゆる人を対象にしているユニバーサル型支援はなかなか単体では予算がつきづらい状況が一般化しています。しかし、目的や効用が明確でわかりやすくて、「役に立つ」ものが世間に跋扈《ばっこ》していくなかで、わたしたちの生活はなんだか窮屈で、息苦しくて、つまらないものになっていき、しかも「役に立つ」ことを目的としておこなわれていることもなんだか機能不全を起こしているように感じます。

本書は、20年にわたり市民活動やまちづくりをなりわいにしつつ、保護者や運営者として保育所や学童保育にかかわってきた西川正さんが、〈あそび〉をキーワードにしながら現在の地域の状況を検討し、これからの公共のあり方やまちづくりや人の暮らしのありようを構想している本です。〈あそび〉という言葉は、いわゆる「遊ぶ」ことだけでなく、物事にゆとりがあること、機械などの部品の結合にもたれているゆとりといった意味を同時にもつものです。この本では、制度化（お役所化）とサービス産業化（お客様化）によって、〈あそび〉が消滅し、ひまも隙間も間柄も失われている現代社会のなかに、ふたたび〈あそび〉を生み出すような取り組みや場所が紹介されています。

たとえば、西川さんご自身の子育て中にスタートし、2005年からはNPO法人ハンズオン埼玉でおこなっている「おとうさんのヤキイモタイム」キャンペーンは、焚き火をしてヤキイモを一緒に食べるというシンプルながら、フツーのお父さんが参加できて、自然にみなが仲良くなれる活動です。西川さんは、「食べれば緩む」し、

「その気持の緩み＝〈あそび〉」が子どものつぶやきを生むのだと「ともに食べることの意味」を解き明かし、「参加のスキマ、つまり〈あそび〉の部分をのこしておくと、人は他者とのかかわりをつくっていける」と参加をうながすシカケを説明しています（p.111）。参加をうながすシカケは、綿密に練られたプログラムやスキームではなく、むしろ活動のなかに〈あそび〉をもたせることによってもたらされる副次的効果にあるのです。

　また、「役に立つ」「意味のある」ことが過剰に求められることによって、社会が息苦しく硬直化していっていることを考えると、２００５年から東京都の高円寺でリサイクルショップ「素人の乱」をひらき、地域とのつながりや人脈をいかしながら「役立たず階級」がのさばれる「マヌケな社会」づくりをおこなってきた松本哉さんの『増補版　貧乏人の逆襲！』（ちくま文庫、２０１１年）もあげておきたいところです。松本さんは、『世界マヌケ反乱の手引書』（筑摩書房、２０１６年）で、すごい！面白い！と思える人や場所を紹介し、「いまのくだらない社会に対抗するような場所づくりのやり方」（p.193）を紹介しています。大バカ者だとか、マヌケといった言葉を連呼しながら自由に社会にさまざまなことをしかけている松本さんの文章には、若者が自治的にのびのびと生きていくことができる社会を構想するためのヒントが散らばっています。松本さんの紹介している活動や場所は、社会のなかに〈あそび〉と〈すきま〉を取り戻し、社会の〈間〉を豊かにしていく活動であるともいえるでしょう。一見ふざけているようにみえる（そして実際ふざけてもいる）〈マヌケ（＝間抜け）〉な活動のなかには、若者を支援の対象や「お客様」にしてしまわないような〈間〉をもつためのコツがあるのではないでしょうか。

　近年の「支援」の場では、事業を委託する行政からも、支援を受けている若者からも「成果」や「意義」を性急に要求される状況が蔓延しています。しかし、今回紹介した本を読んでいると、行政や若者が性急に実現を求めている表面的な「成果」や「意義」をいったん棚上げして、元気やつながりが思いがけず生まれてくるような〈あそび〉や〈間〉を取り戻すことが、社会にとっても、若者にとっても、彼らと共に歩む人たちにとっても求められているような気がしてなりません。（阿比留久美）

おわりに

「若手の研究者たちでブックガイドみたいなのをつくってみたら」

そんな編集者・吉田さんの一言から、若手といっても世間的にはそこそこ中堅の20代、30代の面々によって、この本は作り始められました。

時間をかけてつくりすぎて、いまや40代にはいり、政策的には「若者」ではなくなった編者もいます。若者はずっと若者ではいられないから……。〈若者支援〉にかかわる人たちは、若者ではなくなったり、管理職になったり、プライベートで変化があったり、自分のポジショナリティが変わっても、変わらず若者と向き合いつづけますが、それと同じような変化が編者たちにも起きています。

〈若者支援〉は、２０００年代に入ってから、行政の打ち出した事業によって行政委託中心で急拡大していきました。そのなかで、本書の「はじめに」でも書いた通り、現在、若者とかかわる多くの活動は非常に多忙なものであるにもかかわらず、活動基盤は経済的にも人員的にも不安定な状態にあります。そのため、日々の活動にしんどさを感じる状況が蔓延しているように感じられます。

日々の活動で直面する悩みやしんどさを、みんなで共有して、支えあい、語りあい、実践の質を高めあっていくことができればよいのですが、実際にはそのような時間や場をもつことは、すこし（あるいは、とっても？）難しいというのが実態ではないでしょうか。そして、そのような状況が続くと、ちょっと立ち止まって実践を問い返したり、深めたりすることが難しくなり、その結果さらに疲労感や孤独感も強まっていくという負のスパイラルが生じてしまいます。

ここ数年、現場で活動している人たちから、実践に参加して数年で管理職にたたされ戸惑ったり、地方では周囲に活動をしている人がそもそも少なくて仲間をつくりづらかったり、という困りごとを聞かせてもらってきました。せっかく熱い想いをもっていたり、わくわくして実践を創りはじめたのに、その可能性がしぼんでしまうのはもったいないことです。

そのような状況のなかで、「そもそも支援ってなんだろう」「専門性ってなんだろう」と時に惑いつつも、人と人とが出会いかかわりあう場としての〈若者支援〉のあり方を考えていくヒントになるようなブックガイドをつくりたいと思い、議論を積み重ねてきました。

現場では、目の前にやるべきことが多すぎて、なかなか本を読んで考えを深めることは難しいかもしれません。けれど、たくさんの魅力的な言葉や思考が詰まった本があり、そういった本との対話のなかで自分の経験が整理されたり、違う見方ができるようになったり、あるいはひとつの言葉にどうしようもなく救われたりすることがあります。周囲に相談したり、語ったりする相手が簡単に見当たらないときには、本がその相手になってくれるということもあるでしょう。

人間は孤独のなかでは思考できません。誰とも意見を交わすことができない状況におかれ、孤独感や孤立感を抱いている人は、自分自身の声を聴くこともできず、自分が今何に困っているのかも見えず、自分の考えを深めることが難しいのです。つまり、考えるときには、向き合ってくれる他者が必要です。本は、まず、そうした存在の一つになるのです。たとえば、本は自分を支え、励ましてくれる思想や言葉を私たちにもたらしてくれます。本を読んでいて、ふと深く心に残る言葉に出会ったことはないでしょうか。個人的な話になりますが、宮本輝さんの『私たちが好きだったこと』（新潮文庫、1998年）という本の中に、自分ではどうしようもできないようなときには、じたばたせずに「静かにしのぐんや」という言葉があります。この言葉は私の心の深いところに沁みこんでいて、人生の折々でしんどいときに「静かにしのぐ、静かにしのぐ」と唱えてその時をやり過ごしたことが何度かあり、私にとっては大切な呪文のような言葉です。

また、本を読むことだけでなく、もちろん他者と話し合うことも、考えを深めます。そして、そのときにも、本が他者と何かを議論する際の火種や潤滑油になることがあります。例えば、自分の実践や相手の実践について考えることは、ときに評価されるのではないかといった不安にさいなまれることもあるでしょう。そこに本が挟まることで、気軽に議論に参加できたりもします。

ブックガイドの原稿をめぐっては、編者5人で議論に議論を重ねてつくっていきました。その時間自体が、編者皆にとって新しい見方に気づいたり、自分の見方を見つめ直す機会となり、単なる本づくりを超えた、知的好奇心の刺激される楽しい時間でした。例えば、紹介文について、編者がその本についてあらかじめ持っていたイメージとはまったく異なる新しい角度からの読み方に出会う機会が多くありました。そのたびに、「そういう読み方をするのか！」「そういう紹介ができるのか！」と、新鮮な驚きを体験することになりました。だからこそ、実感を込めて書くのですが、本当に多様な読み方があります。それは書き手が出会ってきた若者や向き合っている現場、経験が多様であるからでしょう。この本を手に取ってくださった方が、このような驚きと出会ったり、好奇心が刺激されることによって、本を手に取ってみる誘いになればと思います。

本書では、若者にかかわる人が、自分の実践に迷ったときに、できるだけ手軽に手にとることができるような本を中心に紹介したいと思い、高価で入手しづらい本はできるだけ少なくしました。また、映画や音楽、漫画、小説なども議論の過程では紹介候補に入り、たくさんの紹介したいものが出ましたが、今回は割愛しました。

実は、本書の前にも山形県のNPOぷらっとほーむが『支援者のための若者入門ブックガイド　若者リアル』を2011年に発行しています。山形に暮らすいろいろな立場の若者たちが集まってつくっており、本書にとっては編集過程も志や思いも共通する部分が大きい〝先輩〟です。書影をすべてイラストで表現するなど、細部に至るまで愛と情熱を感じる一冊です。

ブックガイドをつくっていくにあたって、原稿の執筆者は、できるかぎり現場で日々、実践を積み重ねている方々にお願いしました。実践者が、活動するなかで得てきた自身の経験や思いと本に記されていることを、つき合わせ、重ねてみたときのその感覚は、このブックガイドを手にする読者により近いものだと思ったからです。検討に時間がかかり、本の紹介をお願いした執筆者の方には、執筆していただいてから出版までとても長い時間がかかってしまったことをお詫びします。

編集者の吉田さんには、〈若者／支援〉のブックガイドをつくるきっかけをつくっていただきました。出版状況が厳しいなか、このような本を自由に書く機会をくださったこと、私たちの編集プロセスに寄り添いつつも的確なコメントをくださったことに心からお礼申し上げます。

この本が、みなさんのかたわらにいて、みなさんを支えてくれるような思想や言葉に出会うきっかけになりますように。それぞれの喜びや惑いや迷いと「共に在る」ことができますように。そんなふうに願ってやみません。

編者

編者　プロフィール

阿比留久美（あびるくみ・早稲田大学）

人がどう生きたいかを強制されることなく、自分の生きたい生き方ができるような社会になるといいなと思い、社会教育と社会福祉を結びつけながら研究や活動をしています。早稲田大学で働きつつ、若者支援にかかわる全国ネットワーク「若者協同実践全国フォーラム（ＪＹＣフォーラム）」などで、社会づくりと自分の夢を結びつけていくことをしています。

岡部　茜（おかべあかね・大谷大学）

若者にとって生きづらい社会をどうにか生きやすいものにできないかと、社会福祉、ソーシャルワークの分野から研究に取り組んでいます。最近、成果の一部が『若者支援とソーシャルワーク』（法律文化社、２０１９年）という本になりました。京都の大学で働きつつ、「若者協同実践全国フォーラム（ＪＹＣフォーラム）」や、ひきこもり支援センターの活動に参加したりしています。

御旅屋　達（おたやさとし・山口学芸大学）

「居場所がない」ことが社会問題になってしまうような社会に対する素朴な疑問が最初の関心です。以来、「居場所」という言葉が持つ社会的意味について考えたり、なんらかの困難を抱えた人たちが集まる場について調査したりしてきました。最近は、人が直面する困難や生きづらさがどのような名前によって、どのような方法で理解を試みられているのかについて考えています。

原　未来（はらみき・滋賀県立大学）

大学院生時代、ひきこもりを経験した若者たちが集まるフリースペースのスタッフをしながら研究活動をしていました。それが本当に楽しくて、今も滋賀の若者たちとイベントづくりやサロン活動をしています。研究者や支援者はどうしても若者の「変化」に注目しがちだけど、こちら（支援者）側が「どう変われるのか」ということも同じように大事なんだよな、と最近感じています。

南出吉祥（みなみできっしょう・岐阜大学）

大学で働きながら全国をフラフラし、若者にかかわる調査研究、「若者協同実践全国フォーラム（ＪＹＣフォーラム）」、岐阜で実施されている学習支援のネットワーク団体である「ぎふ学習支援ネットワーク」、岐阜の若者・ひきこもり支援団体「仕事工房ポポロ」、教育科学研究会常任委員（『教育』の編集など）などで、活動を展開しています。「人」ではなく「場」に働きかける「ユースワーク」という実践に関心を持っています。

執筆者　プロフィール

青木尚人（あおきなおと・横浜市役所社会福祉職）

横浜市の職員として生活保護のケースワーカーを経て現在は重度知的障害者支援施設の生活支援員をしています。その傍らで専門性をどのように担保したかを考えていく社会福祉専門職の制度史について研究をしながら、私を社会福祉の領域に引っ張り込んだ「貧困」のことを学ぶために東京社会福祉士会低所得者支援委員会と横浜社会福祉研究会でも活動しています。気が付けば体重も18キロ減り、毎日仕事で畑に出たり運動をしています。

天池洋介（あまいけようすけ・オルガナイザー／大学非常勤講師）

4度の転職で3回ブラック企業に当たり、その後も非正規街道爆進中。どこに転職してもブラックならばと、一転奮起して岐阜でユニオンを立ち上げ、ブラック企業と闘ってきました。あるとき、こんなに良い事しているのにモテないのは、活動スタイルがダサいからだと真理を告げられ、かっこいい労働組合と自分自身を探求する旅に出発。労働組合と社会運動とのミキシングで、アップデート作業中。

井口啓太郎（いぐちけいたろう・社会教育職員）

世田谷区や国立市等で社会教育の職員を15年余り続けるなかで、困難を抱える人とともに在る社会教育実践のあり方に関心を持つことになりました。特に国立市公民館「コーヒーハウス」の若者実践への関わりから、大きな影響を受けています。現在は文部科学省で障害者の生涯学習政策に携わりながら、社会教育の可能性を模索しています。その他、たまにバンドやったり、フットサルやったり。

伊藤康貴（いとうこうき・長崎県立大学）

自分のひきこもった経験や生きづらさを何とかしようと思って、社会学的なものの見方や当事者研究を参考に自分事で研究を進め、同時に関西を中心に当事者活動にかかわってきました。昨年、西の果て佐世保にある公立大学に赴任し、多忙な大学業務の合間を縫って現地の親の会に顔を出しつつ、卒論で書いた自分史やこれまでの研究成果などを一冊の本にまとめようと思っています。ふだん何を考えてるかわからないと妻にも言われます。

井上慧真（いのうええま・帝京大学）

学校や仕事で、何かつまずきを経験しても、また歩き出せる世の中に近づくにはどうすればよいのか。これまでの若者支援の活動の蓄積のなかに、重要なヒントがたくさんあるのではないかという思いから研究しています。日本とイギリスの公的な若者支援事業との比較研究などをおこなってきました。大学のなかで、学生の居場所づくりの活動に委員としてかかわり、いろいろなことを学ぶ日々です。

入山　頌（いりやましょう・障害をこえてともに自立する会会長）

非モテ当事者。障害をこえてともに自立する会という任意団体の活動（喫茶店の運営）に関わりながら、在野研究をしています。なんでこんなに働きたくないんだろう。なんでこんなに風呂トイレ別の部屋にこだわるんだろう。いや、ご飯行けたら付き合えるって思うじゃん（そんなわけない）……など、自分自身の悩みから問いを立てて、現場やいろいろな本に刺激を受けながらなにかを喋ったり書いたりしています。お酒とタバコと辛いものが好き。

岩本陽子（いわもとようこ・ユースワーカー／地域公共政策士）

政策や制度から抜け落ちている問題は、

気づいた人が働きかけていくという場面に10代で出会ったことが、市民活動や、市民性を育む教育に関心を持つきっかけとなりました。特別な誰かではなく、誰もが社会をつくり・になう一員であることが感じられるような社会になればいいなと思っています。2013年より青少年活動センターでユースワーカーとして勤務しています。

大山　宏（おおやまひろし・東京大学大学院）

学生時代にふと始めたボランティアがきっかけで、気がつけばさまざまな現場で中高生を中心とした若者と関わり続けてきました。そうしたかかわりのなかで、彼らにとって他者と関わることがどういった意味を持つのか、社会とどのように向きあい得るのか関心を持ち、現在でも研究を続けているほか、青少年の居場所づくり学習会や中高生施設職員交流会ＴＥＥＮＳ、いたばし子ども・若者支援ネットワーク会議等で活動を展開しています。

尾崎万里奈（おざきまりな・よこはまユース）

「公益財団法人よこはまユース」の職員として、横浜市で青少年と関わる仕事をしています。地域や公共施設での「青少年の育ちを支える場づくり」に関心があり、高校内居場所カフェ事業などを担当しています。「育成」と「支援」の間を行ったり来たりしつつ、さまざまな社会資源と青少年育成活動をつなぐことに取り組んでいます。「ユースワーカー協議会」（2019年7月設立）の呼びかけ人のひとりです。社会福祉士です。

川北　稔（かわきたみのる・愛知教育大学）

「使える制度がない」（本書『転げ落ちない社会』の項参照）現実の行きつく先が、8050問題ではないでしょうか。「他人に迷惑をかけたくない」「自分はまだそこまで困っていない」「我が家の子育ての責任だ。そっとしておいてほしい」など、限界までＳＯＳを出せない家族の事情を『8050問題の深層』（ＮＨＫ出版新書）で論じました。「本人が申し出ない限り制度を紹介しない」申請主義の壁も立ちはだかっています。

川本健太郎（かわもとけんたろう・立正大学）

障害者をはじめ働くことが難しい状況にある人びとの「労働」のあり方について研究しています。だれもが働きやすいとか、仕事は強制されるべきものではない、といった当たり前を目に見える形にしようと思いながら、ＮＰＯ法人や一般社団法人、株式会社の立ち上げや運営に携わっています。ただ、現実はそう簡単にはいかない、ということを日々痛感しながら、大学と現場を行ったり来たりの人生です。

後藤悠一（ごとうゆういち・非常勤講師）

百年前の日本の民主主義、社会主義の歴史について勉強をしています。また非常勤で病院職員として働き、福祉の専門学校では現代日本社会についても教えています。人が政治や社会の問題について自分から関わろうと思うのはどんな時だろうか。どんな関わり方が可能だろうか。そんなことに関心を持っています。

相良　翔（さがらしょう・埼玉県立大学）

埼玉県立大学社会福祉子ども学科で助教

として勤めています。大学では社会福祉を、大学院では社会学を学びました。専門領域は犯罪社会学、福祉社会学、医療社会学、司法福祉論です。非行および犯罪からの「立ち直り」、薬物依存からの「回復」が主な研究テーマで、更生保護施設やＤＡＲＣ(Drug Addiction Rehabilitation Center)をフィールドにした調査を続けさせてもらっています。実際に更生保護施設で勤めた経験もあり、その経験は今も糧になっています。

島村恒平（しまむらこうへい・あいとうふくしモール）

むかし、ちょっとひきこもってました。そんな経験からいまは滋賀県東近江市にある「あいとうふくしモール」というところで、若者たちといっしょに農場とおにぎり屋をやっています。一度、学校や仕事から離れてしまうと「働くこと」がなんでこんなにハードルが高くなってしまっているのか不思議です。若者たちが感じている「働けない」とか「働きたくない」の中には、より良い働き方のヒントがあるんじゃないかなーと思ってます。

島本優子（しまもとゆうこ・東京都国立市公民館コーヒーハウススタッフ）

戦争・病・虐待など、困難な状況に置かれた人びとの傷つきからの回復に関心を抱いてきました。障害の有無を問わず若者が集う、東京都国立市公民館「コーヒーハウス」に市民として関わって15年。現在は、四国でのんびり働きながら時々飛行機で国立に通い、「くにたち原爆・戦争体験伝承者」としても活動しています。属性や境遇にかかわらず、誰もが尊重され平和に生きることができる社会を目指し、細々と自分なりに実践しています。

関水徹平（せきみずてっぺい・立正大学）

立正大学社会福祉学部で教員をしています。２００６年頃から、ひきこもり当事者・経験者の方たちと関わり、聞き取り調査などをしてきました。社会学の研究者として、自分も含め人びとに生きづらさを生みだす社会的環境のあり方や、社会と個人の関係について調査したり、考えたりしています。支援においても、問題を抱えた人を変えようとするのではなく、生きづらさを生む環境のあり方を変えることが大事なのではないかと思います。

滝口克典（たきぐちかつのり・よりみち文庫共同代表）

この20年ほど、山形市を拠点に若い人たちの居場所／学び場づくりの活動に関わりつつ、それを観察・記述したり、研究・考察したりしてきました。「ぷらっとほーむ」という実践です（２０１９年解散）。現在はそのとりくみを継ぐ学びの場づくりＮＰＯ「よりみち文庫」を始動させたところです。選択肢に乏しく単色になりがちな地方の人びとの生の環境をいかに多彩にしていくか、に主な関心があります。

竹田明子（たけだあきこ・ユースワーカー）

若者期の葛藤が好きです。まっすぐに揺らぐその表現に魅力を感じています。そんな若者たちの場が減っていくなか、つくっていきたい、守っていきたいと思い、ユースワークとその周辺で生息しています。京都を拠点に、他都市の仲間と「ユースワーク」「ユースワーカー」を広めていく活動にも取り組んでいます。最近響いた若者からの言葉は「頑張る権利が欲しい」。

玉村　文（たまむらふみ・ユースワーカー）

大学院生のときに出会ったユースワーク。そこで出会った中高生とユースワーカーとの関わりにひかれ、生涯、若者を応援する存在になりたいと京都市ユースサービス協会に入職。京都市内の青少年活動センターに勤務。現場での若者との出会いから「若者と居場所」「若者と食」「若者と家族」などのテーマに関心をもち活動しています。自分自身も一児の母として、子育ての大変さと喜びを感じながら、ユースワークに向き合っています。

冨永貴公（とみながたかひろ・都留文科大学）

ジェンダーやセクシュアリティについて、とりわけ、社会教育の分野で研究や活動に取り組んでいます。〝生きづらいなぁ〟と悩み続けると〝自分が悪い〟とか〝自分なんて〟とか、すべて自分のせい、にしてしまいがちです。それはあまりにも傲慢ですし、悩み抜いたあとには同じような仲間と一緒に、人＝社会のせいにしてしまって、社会のニューバージョンを考えるほうが楽しい（はず）！と日々悩みながら過ごしています。

中塚史行（なかつかふみゆき・教育サポートセンターＮＩＲＥ）

１９９５年の阪神淡路大震災でのボランティア活動から、気がつけばアフリカ・ケニアで地域開発のＮＧＯワーカーとして働き、帰国後は地元品川で子どもたちの学習サポートや、若者たちとの「場づくり」をしてきました。すでに自分自身の「（年齢的）若者期」は終わりつつありますが、まだまだ「（精神的）若者期」は卒業できず、「コミュニティ」という育ちの場づくりを模索しながら、最前線で現場と向き合う日々を送っています。

西川友理（にしかわゆり・京都西山短期大学）

福祉系対人援助職の養成に携わるなかで、20歳前後の人びとのおもしろさに開眼。実習前後の悩み、卒業に向かう思い、友だちや家族や恋人との関係、学費問題等、さまざまな出来事に出会いつつ、社会における自分のあり方を模索する学生の人生に関わることに、やりがいを感じています。現在は短大で保育者養成教育&進路支援をしながら、子ども・若者ケアラー支援のお手伝いや、支援の当事者研究会「わやの湯」を定期開催しています。

西村貴之（にしむらたかゆき・北翔大学）

大学で保健体育科教員の養成に携わりながら、生きにくさを抱える若者たちに対して学校ができること／できないことについて研究をしています。最近は、ヨーロッパ（フィンランドやドイツなど）のオルタナティブ教育の実践家との交流や神奈川県の生活困窮世帯の子どもの健全育成事業に関わりながら、「学校から仕事へ」の移行をベースにしたオルタナティブ教育実践や学校における多職種連携・協働について関心を持っています。

藤井　智（ふじいさとし・文化学習協同ネットワーク）

学校制度ではないもっと広い意味での教育というものを考え続けています。「若者支援施策」は雇用政策として展開してきているけど、ホントは「発達保障」がベースにないとウソだよなーと、思っています。東京三鷹の教育ＮＰＯ、文化学習協同ネットワークで、若者支援の分野を主に担当し、最近は10代後半のテーマに強い関心を持って活動中。「なりゆきまかせの客体から、自らの歴史をつくる主体にかえていく」学習を、模索しています。

堀場純矢（ほりばじゅんや・日本福祉大学）

　児童養護施設の職員時代に、さまざまな事件に直面するなかで問題意識を持ち、その後、大学院を経て日本福祉大学の教員をしながら、児童養護施設職員の労働問題や労働組合の役割に関する研究をおこなっています。社会活動としては、全国児童養護問題研究会で編集部長として出版物（『子どもと福祉』明石書店）の編集・刊行や、社会的養護経験者を対象とした日本財団「夢の奨学金」の選考委員などを務めています。

松島裕之（まつしまひろゆき・ネモ　ちば不登校・ひきこもりネットワーク／ＪＹＣフォーラム）

　小学校４年生より不登校、以来「学校」と名の付く場所にはまったく通わず、まちづくり活動や子どもの権利条例づくりなどに参加しながら学び、育ってきました。それらの活動のなかで、自身の原点である「不登校」に関わりながら生きていきたいと考えるようになり、現在は特に学校以外の場で子どもが活動し、学ぶ機会の保障とその場での学びや活動が正当に評価される仕組みづくりをテーマに活動をしています。

末代咲恵（まつだいさきえ・ひきこもり支援センター職員）

　何となぁく流れついた若者支援機関のひきこもり支援センター。今では生涯関わりたい大切な現場に。そこで出会えた人、想い、考え方は数え切れません。日々は窓口に訪れる若者とお話や歌、卓球など、若者の心がちょぴっと揺れる……をモットーに過ごしています。最近のブームはソーシャルフットボール！ひきこもり支援センターに来ている若者やそこで働いている人たちと、サッカーをしています！

丸山啓史（まるやまけいし・京都教育大学）

　ケータイ・スマホを持たない生活を続けていて、若者の文化にも疎いのですが、「全国障害者問題研究会」に参加しながら、障害のある若者の中等教育後の「学びの場」づくりに関わってきました。また、「障害のある子どもの放課後保障全国連絡会」の活動を通して、障害のある子ども・若者の放課後・余暇の充実を求めています。最近は、プラスチックをなるべく使わない生活・教育について考えたりしています。

山田大地（やまだだいち・大谷大学地域連携アドバイザー）

　１９８８年滋賀県生まれ。大谷大学地域連携アドバイザー。地域と連携した授業のバックアップをしています。大学院時代には、いろんな出会いをきっかけに、若者支援政策の調査をさせてもらったり、京北という素敵な中山間地の畑で４反の大豆をつくったり、寝たきりになった知り合いの喫茶店のマスターと半年間共同生活したり、夏祭りで焼きそばを焼いたり、出会いにまかせていろいろなことに顔を出してきました。

湯浅雄偉（ゆあさゆうい・コミュニティワーカー／社会福祉法人一麦会職員）

大学生の頃「若者支援」という言葉が持つ大人の権力っぽさに反発して活動を始めました。でも僕も年齢的には「大人」。大人になるって何？という疑問が頭をもたげ、大学院へ。ご縁で出会った北海道月形町では、大人とよそから来た若者が共に働き、ごちゃまぜに遊ぶ環境があって素敵だな、と思いNPOで働きだす。人が生きていたら抱く傷つきや囚われや困り感が、仲間をつくり、仕事を生み出すことに魅せられ、追いかけています。

横関つかさ（よこぜきつかさ・ユースワーカー）

大学時代に出会ってしまった「社会をよくするために、楽しむことを大切にしながらも全力で頑張ってる結構キャラの濃い変な大人たち」に憧れて今日も今日とて修行中。若者に関わることを生涯のテーマにしたい人で、今は大学生が主体的に地域や社会に関わっていけるきっかけづくりをしています。将来はパスタおばさん（Ⓒやなせたかし）みたいな地域のおばちゃんになりたい。最近一人暮らしに飽きて3回目のルームシェアを始めました。

渡辺大輔（わたなべだいすけ・埼玉大学）

さまざまなセクシュアリティの人が安心して安全に生活できる学校をどのようにつくっていけばいいのか、そのためにはきっと「教育」がとても大事なんだけど、どんな授業がいいのか、といったことを、中学校や高校の先生と共に考え、実際に授業をおこなったりする研究を埼玉大学でしています。また性の多様性を土台とした幅の広い性教育を広めようと一般社団法人〝人間と性〟教育研究協議会というところで活動しています。

2013	「障害者自立支援法」が「障害者総合支援法」に 「生活困窮者自立支援法」制定 「ブラック企業対策プロジェクト」始動 「特定秘密保護法」成立 **仁藤夢乃『難民高校生』**	生活保護から考える ともに生きともに育つひきこもり支援 ひきこもり　もう一度、人を好きになる 「若者」とは誰か 若者と労働
2014		「自己責任論」をのりこえる 就労支援を問い直す 社会を結びなおす 女子高生の裏社会 無業社会
2015	「勤労青少年福祉法」が「若者雇用促進法」へ SEALD s 始動 「安保法制」成立	子どもの自分くずしと自分つくり（新装版）1987 初版 生涯学習の展開 すべての若者が生きられる未来を 人が人のなかで生きてゆくこと もしも「死にたい」と言われたら 高卒女性の 12 年
2016	「多様な教育機会確保法」制定 「子ども・若者育成支援推進大綱」制定 内閣府「若者の生活に関する調査報告書」ひきこもり 54 万人 「ひきこもり新聞」創刊	ここで差がつく生活困窮者の相談支援 男性問題から見る現代日本社会 非モテの品格 「若者支援」のこれまでとこれから 私たちと発達保障
2017	ひきこもり「引き出し屋」問題での共同記者会見 流行語「インスタ映え」	あそびの生まれる場所 外国人の子ども白書 教育機会確保法の誕生 転げ落ちない社会 失敗してもいいんだよ 七転び八起きの「自分づくり」 LGBT を読みとく 地方に生きる若者たち
2018	「ひきポス」創刊	被抑圧者の教育学（新訳）1968 原著刊、1979 初訳刊 ひきこもりと家族の社会学 怠ける権利 ヤングケアラー
2019	内閣府調査「中高年ひきこもり 61 万人」 川崎市登戸通り魔事件（5.28） 元農水事務次官長男殺害事件（6.1）	

2007	世界金融危機（〜2008） NNNドキュメント「ネットカフェ難民」 朝日新聞連載「ロスト・ジェネレーション」 郵政民営化 赤木智弘「『丸山眞男』をひっぱたきたい。-31歳、フリーター。希望は、戦争。」 雨宮処凛『生きさせろ！』 雑誌「フリーターズフリー」創刊（〜3号） 山田昌弘『希望格差社会』	格差社会とたたかう こんなとき私はどうしてきたか ひきこもりの〈ゴール〉 環状島―トラウマの地政学
2008	年越し派遣村 秋葉原通り魔事件（6.8） 学習指導要領改訂（脱ゆとり教育） iPhone日本販売開始 湯浅誠『反貧困』 阿部彩『子どもの貧困』 雑誌「ロスジェネ」創刊（〜4号）	〈支援〉の社会学 異なっていられる社会を 社会的排除 発達障害当事者研究 若者たちに「住まい」を！ 友だち地獄
2009	「ひきこもり地域支援センター」設立 「ヤミの北九州方式」39歳男性餓死 流行語「派遣切り」「ファストファッション」 山本耕平『ひきこもりつつ育つ』	日置真世のおいしい地域づくりのためのレシピ50 家族を超える社会学 児童養護と青年期の自立支援 ベーシック・インカム入門 若者と貧困 生活保障
2010	「子ども・若者育成支援推進法」制定 「障害者自立支援法」改正（発達障害者の障害者手帳） 「子ども・若者総合相談センター」設立 「子ども・若者ビジョン」制定 緊急雇用対策事業 内閣府「若者の意識に関する調査報告書」ひきこもり70万人 NHK「無縁社会」 日本図書センター「若者の現在」（全3冊）	〈学校から仕事へ〉の変容と若者たち その後の不自由 若者のための社会学
2011	「よりそいホットライン」始動 「求職者支援法」制定 東日本大震災（3.11） 岩波書店シリーズ「若者の気分」（全6冊） 古市憲寿『絶望の国の幸福な若者たち』	協同で仕事をおこす ルポ若者ホームレス 若者はなぜ就職できなくなったのか？ 安心ひきこもりライフ 居場所づくりの原動力 若者の労働運動 ワーキングプア原論 若者就労支援「静岡方式」で行こう!!
2012		キーワードで読む現代日本社会 ワークショップと学び　シリーズ全3巻 ナリワイをつくる 排除する社会・排除に抗する学校 ひきこもり町おこしに発つ 共同作業所のむこうに 教育と福祉の出会うところ 若者の現在 文化 物語としての発達／文化を介した教育

「若者／支援」関連年表（1991−2019）

年	その年の出来事　関連図書出版	ブックガイドで紹介した本
1991	バブル崩壊	
1992	冨田富士也『引きこもりからの旅立ち』	
1994	宮台真司『制服少女たちの選択』	
1995	阪神・淡路大震災（1.17） 地下鉄サリン事件（3.20）	
1997	アジア通貨危機 神戸児童連続殺傷事件 工藤定次『おーい、ひきこもり　そろそろ外へ出てみようぜ』	
1998	特定非営利活動促進法 自殺者３万人超え（〜 2011） 「不登校新聞」創刊	社会的ひきこもり
1999	「労働者派遣法」改正、原則自由化 山田昌弘『パラサイト・シングルの時代』	心的外傷と回復〈増補版〉（1992 原著刊、1996 初訳刊）
2000	首都圏青年ユニオン発足 「キレる 17 歳」報道 新潟少女監禁事件報道 西鉄バスジャック事件（5.3）	ストリートの歌 自己コントロールの檻
2001		「ひきこもり」だった僕から
2002	「ホームレス自立支援法」制定 乾彰夫「『戦後日本型青年期』とその解体・再編」 宮本みち子『若者が〈社会的弱者〉に転落する』	べてるの家の「非」援助論 援助するということ
2003	厚生労働省「引きこもりの評価・支援に関するガイドライン」（暫定版） 「若者自立・挑戦プラン」発表 小杉礼子『フリーターという生き方』 村上龍『13 歳のハローワーク』	
2004	「発達障害者支援法」制定 「ジョブカフェ」スタート（後に都道府県に移管） NHK スペシャル「フリーター 417 万人の衝撃」 流行語「自己責任」「ニート」 玄田有史・曲沼美恵『ニート』	居場所づくりと社会つながり
2005	「障害者自立支援法」制定 「生活保護自立支援プログラム」スタート 「若者自立塾」スタート（〜 2010）	ニート・フリーターと学力 不登校という生き方
2006	「地域若者サポートステーション」スタート NHK スペシャル「ワーキングプア」 アイ・メンタルスクール事件 本田由紀・内藤朝雄・後藤和智『ニートって言うな！』	

「若者／支援」を読み解くブックガイド

2020年３月20日　第１刷発行

編　者　阿比留久美・岡部茜・御旅屋達
　　　　原未来・南出吉祥
発行人　竹村正治
発行所　株式会社 かもがわ出版
　　　　〒602-8119 京都市上京区堀川通出水西入ル
　　　　TEL 075(432)2868　FAX 075(432)2869
　　　　ホームページ http://www.kamogawa.co.jp
印刷所　シナノ書籍印刷株式会社

ISBN978-4-7803-1078-8 C0036